Mala Das Liebesorakel

...mit sieben zauberhaften Herzen!

Matthias Mala

Das Liebesorakel

...mit sieben zauberhaften Herzen!

KAILASH

Die Deutsche Bibliothek – CIP-Einheitsaufnahme
Mala, Matthias:
Das Liebesorakel / Matthias Mala. - Kreuzlingen ; München :
Hugendubel, 2002
(Kailash)
ISBN 3-7205-2283-0

© Heinrich Hugendubel Verlag, Kreuzlingen/München 2002
Alle Rechte vorbehalten

Umschlaggestaltung: Zembsch' Werkstatt, München
Abbildungen: Gabriel Nemeth, nach einer Vorlage des Autors
Produktion: Maximiliane Seidl
Satz: EDV-Fotosatz Huber/Verlagsservice G. Pfeifer, Germering
Druck und Bindung: GGP Media, Pößneck
Printed in Germany

ISBN 3-7205-2283-0

Inhalt

Einleitung

»Die ganze Welt dreht sich um Liebe«, eine simple Wahrheit, die Franz Lehar in seiner Operette Cloclo (1924) vertonte und zu der Hans Rameau das Libretto schrieb. Eine simple Wahrheit, die sich 1.600.000-mal bestätigt, sobald wir das Stichwort »Liebe« in eine Suchmaschine des Internets eingeben. Liebe, lieben und geliebt werden ist uns wohl allen ein Herzensanliegen. Geben wir das Stichwort »Liebesorakel« in eine Suchmaschine, erhalten wir mit rund 300 Verweisen auf verschiedene Seiten eine zwar überschaubare, aber immer noch überraschend große Auswahl. Aber die Anzahl der unterschiedlichen Orakel, mit denen nach dem Grad der Liebe oder dem künftigen Gespielen gefragt werden kann, ist in Wirklichkeit weit größer. Vor allem volkstümliche Orakel wurden und werden in Sachen Liebesangelegenheiten seit alters befragt.

Hierfür setzt man beispielsweise auch heute noch in der Thomasnacht (21. Dezember) Walnussschalen mit den auf Lose geschriebenen Namen der möglichen Liebsten in eine mit Wasser gefüllte Schüssel. Je nachdem wie nach leichtem Rühren die Schalen aufeinander zutreiben oder sich voneinander entfernen, wird gedeutet, welche Chancen man bei dem einen oder anderen wohl haben könnte. Oder es werden Apfelkerne auf Nadeln gepiekst und in eine Kerzenflamme gehalten. Denkt man dabei an die zur Auswahl stehenden Liebsten, so verrät sich der wahre Schatz daran, dass sein Kern am schnellsten und kräftigsten zerplatzt. Gelegentlich lag es auch am eigenen Geschick, herauszufinden, ob einem das Liebesglück hold ist. So warfen einst die Mädchen in der Andreasnacht (30. November) einen Pantoffel hinter sich und deuteten an der Lage des Schlappen, ob der Künftige »krump oder plump, mild oder wild, kalt oder warm, reich oder arm, jung oder alt« sein würde. Überhaupt galten und gelten die hohen Feiertage als besonders aussichtsreich, um die Zukunft und insbesondere das eigene Schicksal zum ewigen Wechselspiel der Liebe zu befragen. Wobei heutzutage als der günstigste Tag für ein Liebesorakel allgemein der Valentinstag (14. Februar) gilt, wohl auch dank der Geschäftstüchtigkeit der Blumenhändler, die diesen Tag seit längerem besonders bewerben.

Der Wunsch, das Schicksal mit Hilfe von Orakeln zu erkunden, dürfte so alt sein, wie sich der Mensch in der Hand der Götter wähnt. Folglich suchte er in seiner Umwelt nach Zeichen, durch die sich das Kommende ankündigte. Die Zeichen des Geschicks zu erkennen und zu deuten war vor allem Aufgabe der Schamanen und Priester. Sie waren es, die die Orakel systematisierten und aus diversen wiederkehrenden Zeichen die Handschrift der Götter lasen; sei es aus der Asche der Opferfeuer oder aus den Sprüngen der aus dem Feuer gezogenen Knochen oder aus der Schau der Innereien der zuvor geschlachteten Opfertiere; sie sahen in die Sterne, beobachteten den Flug der Vögel oder lauschten dem Wispern des Waldes. In vielem erkannten sie das Wirken der Götter und des Schicksals. Es waren vor allem politische, die gesamte Gemeinschaft betreffende Entscheidungen, die die Priester mit Hilfe der Orakel trafen. Dagegen war das Interesse des gemeinen Volkes ganz anderer Natur. Es wollte wissen, ob das Schicksal dem Einzelnen und der Familie hold war: Bliebe man von Krankheit und Elend verschont, würde sich der Wohlstand mehren oder stünden aussichtsreiche Vermählungen an? Solcherart waren die Fragen der einfachen Leute, auf die sie Antworten suchten; und neben all diesen alltäglichen Sorgen stand für sie die Sorge um die Liebe obenauf. Also blickte man dem Priester über die Schulter und suchte seinerseits nach den passenden Zeichen.

So entstand auch im gemeinen Volk ein eigener Orakelkult, der wiederum die Priesterschaft nicht ruhen ließ. Sie verdammte diese wilde Orakelei und nahm sich in eigener Weise dem Volk an, indem es ihm ihre Orakelstätten öffnete und ihm Antworten aus dem Munde der Götter lieferte. Solche Antworten hatten, da von den Göttern selbst gegeben, naturgemäß mehr Gewicht als jede laienhafte Deutelei. Dass diese Orakel auch eifrig konsultiert wurden, wissen wir von Archäologen, die an alten Orakelstätten aus dem Staub der Vergangenheit zahlreiche Belege für diese Art der Zwiesprache mit den Göttern ans Tageslicht beförderten. So zweifelte etwa vor zweieinhalbtausend Jahren ein junger Vater an

seiner Vaterschaft und plagte sich mit der ewig jungen Frage nach der Treue seiner Liebsten. Also pilgerte er zum überaus populären Orakel des Zeus und der Dione nach Dodona, einem auffällig schmucklosen Gehöft, das um eine heilige Eiche herum gebaut war. Dort, in der schroffen Bergeinsamkeit an den Hängen des Tomaros im Nordwesten Griechenlands, ritzte er seine Frage in ein Bleitäfelchen: »Ist das von meiner Frau geborene Kind tatsächlich von mir?« Dann faltete er das Bleitäfelchen einmal und reichte es mit einer Opfergabe dem Priester. Welche Antwort des Zeus ihm die Priester gaben, ist uns leider nicht überliefert. Doch sie wird ein klares Ja oder Nein gewesen sein, denn das Orakel von Dodona hielt es nicht mit sybillinischen Verschlüsselungen. Es war ein archaisches Orakel, weit älter als der griechische Götterhimmel, und die Antworten bestanden dementsprechend meist aus einer knappen Bejahung oder Verneinung der gestellten Frage.

Der Nachteil all dieser Orakel war jedoch, dass sie entweder zu spezifisch waren, wie etwa die unzähligen volkstümlichen Liebesorakel, die meist nur zu Fragen des Liebeswerbens Antwort gaben, oder nur nach beschwerlicher Reise erreicht werden konnten, es sei denn, man hatte das Glück, in seiner Nachbarschaft zu leben. Dagegen wird mit diesem Buch allen Liebenden ein umfangreiches und fein gegliedertes Liebesorakel an die Hand gegeben, das in solcher Art und Dichte noch nie da gewesen ist. Dabei ist es in seiner hintergründigen Struktur keineswegs beliebig, sondern stellt gewissermaßen ein feines Gespinst dar, das tief in den Fluss der Zeit und hoch in den Himmel der Liebe reicht. An ihm brechen und verfangen sich wie an einer hochempfindlichen Antenne die schicksalsweisenden Kräfte. Es sind dies sowohl die Energien, die aus der Vergangenheit in die Gegenwart wirken, als auch die augenblicklichen Kräfte der Liebe und die Fäden des Geschicks, die gleich feinem Wurzelwerk aus dem Künftigen in den gegenwärtigen Tag hineinreichen. Der übersinnliche Hintergrund dieses Liebesorakels basiert im Wesentlichen auf den vier Elementen und den Zahlen Sieben und Acht sowie auf den Farben Rot und Blau.

Die vier Elemente, die den einzelnen Sprüchen dieses Liebesorakels Farbe und Temperament verleihen, sind Erde, Wasser, Feuer und Luft.

Die Erde steht bildhaft für eine urweibliche Kraft. Sie ist der Schoß des Lebens wie auch sein Grab. Neubeginn und Niedergang, Freude und Trauer sind mit diesem Element ebenso verbunden wie Erdverbundenheit und Sinneslust. Tatkraft, Handlungswille sowie die Fähigkeit, aus sich selbst heraus schöpferisch zu werden, sind weitere Eigenschaften. Nicht zuletzt wird die Treue als Wesenszug diesem Element zugedacht. In der Liebe ist es die pure Lebensfreude, die sich aus der Erde nährt.

Auch das Wasser gilt als eine weibliche Kraft. Laotse, der große Weise des Ostens, beschrieb dieses Element mit folgenden Worten: »Nichts Weicheres, Wankenderes in der Welt als Wasser. Nichts Mächtigeres auch zur Beugung des Starken und Starren; Unbezwingbar weil all-anpassend. So auch alle Welt weiß: Schwaches zwingt Starkes, Weiches zwingt Starres, doch niemand handelt danach.« Fruchtbarkeit, ewige Jugend, Liebeskraft und lüsterne Leidenschaft werden diesem Element ebenso zugedacht wie die Fähigkeit, mit einer anderen Seele zu verschmelzen.

Feuer wird als eine männliche Kraft aufgefasst. Es ist verzehrend und reinigend und erlaubt die Wiedergeburt in neuer, veredelter Gestalt. Wer gleich einem Phönix aus der Asche aufsteigt, hat die alten Schatten überwunden und schreitet befreit zu neuer Tat. Gleichzeitig wirkt im Feuer auch eine vernichtende Kraft, so etwa die unheilvolle Kraft des Krieges oder der biblische Feuersturm, der über Sodom und Gomorrha kam. Letztlich zeigt sich im Feuer auch bildhaft die Kraft der Sexualität.

Im Element der Luft wird eine weitere männliche Kraft gesehen. Die Luft, das unsichtbare und dennoch so wirksame Element wird mit dem Geist in Verbindung gebracht. Sie ist der Atem, der bis in den Himmel reicht. Sie ist der Wind, der kühlt und die Saat verteilt, der aber ebenso zerstörerische Kräfte entwickelt und Berge abträgt, um sie andernorts wieder erstehen zu lassen. Kühle, Scharfsinn und Abstraktionsgabe, belebende Frische und wärmende Empfindsamkeit sind die ihr zugedachten Wesenszüge; aber auch die Gabe, sich Luftschlösser zu errichten, fällt in ihr Metier. In der Liebe ist sie eine unbeständige Kraft, die sich immer wieder neu erfinden und veredeln möchte.

Es waren Thales von Milet und Empedokles, die vor gut 2500 Jahren die Lehre von den vier Elementen begründeten. Sie sahen die vier Elemente als jene Urkräfte an, aus denen sich die Welt

formt und die sowohl im großen Ganzen als auch im kleinsten Sein zusammen wirken. In die Welt getreten und sie zugleich formend sind die vier Elemente aus einem fünften Element, dem Äther, Sinnbild für den göttlichen Odem. Wirken die vier Elemente in einem Wesen in himmlischer Harmonie, tritt eben jener Äther als das fünfte Element hinzu beziehungsweise fließt aus der durch sie verkörperten Harmonie. Den Alchemisten galt solcher Äther als die anzustrebende Quintessenz. Sie war ihnen höchstes Ziel und Vollendung, der sie auf der Suche nach dem Stein der Weisen nachspürten. Insofern ist auch dieses Orakel als ein alchemistisches Gelingen zu verstehen. Denn finden sich die Sprüche in treffender Weise zur gestellten Frage, so ist dies in eigener Weise eine solche Form himmlischer Harmonie an sich, nämlich der Himmel der Liebe, der diese trauliche Bezogenheit als seine Form der Wirklichkeit idealer Quintessenz offenbart.

Es sind zudem die beiden Zahlen Sieben und Acht, die die Elemente in diesem Orakel als hintergründige Struktur feinsinnig miteinander verbinden und in bester Weise zueinander wirken und ineinander greifen lassen: Mit sieben Herzen losen Sie den Spruch aus, zu jedem der 16 Temperamente finden Sie acht Sprüche.

In den meisten Kulturen gilt die Sieben als Glückszahl schlechthin und so sprechen wir auch vom siebten Himmel, wenn wir selig sind vor Liebesglück. Lediglich in Italien gilt die Sieben als eine Unglück bringende Zahl, weshalb es auch in italienischen Flugzeugen neben der ohnehin fehlenden dreizehnten auch keine siebte Sitzreihennummerierung gibt. Doch über diesen kleinen Aberglauben seiner einstigen Schützlinge mag Amor, der Gott der Liebe, nur milde lächeln, galt doch zu seiner Zeit im alten Rom die Sieben als eine außerordentliche Glückszahl.

Die Schleife der Acht ist ein eingängiges Symbol für die Endlosigkeit, oft bildhaft dargestellt durch die Schlange, die zur Acht verschlungen ihr Schwanzende im Rachen hält und hierdurch Anfang und Ende allen Seins zur Ewigkeit verbindet. Die Acht als die Sphäre über dem siebten Himmel, dem Reich der Götter im Sternenhimmel, galt auch in der Antike als eine vollkommene Zahl. In der Liebe weist die Acht mit der Verbindung ihrer beiden Ringe auf die geschlossene Ehe; sie ist zugleich Symbol für die Girlande, unter der sich das Fest der Liebe bis zum Ende aller Zeiten wiederholen soll.

Die Farben Rot und Blau sollen als Farben der herzförmigen Lose dem Orakel eine weitere Stimmung verleihen. Die Symbolik der Herzen selbst, als Zeichen der Liebe, ist eindeutig. Gleichermaßen liegt in unseren Herzen auch die Kraft der Intuition und der Weisheit. Beides sind Eigenschaften, die wir für ein Orakel mitbringen sollten, denn sie erleichtern uns die Verbindung zum Geist, der das Orakel lenkt.

Rot galt stets als die Farbe der Liebe und der Leidenschaft sowie als Farbe des Blutes und des Feuers. Sie steht von daher für das Leben, die Fruchtbarkeit und die Erneuerung.

Blau ist die Farbe des Himmels und des Wassers, die im Gegensatz zu Rot überwiegend als kühl empfunden wird. Ihr Temperament ist mit den Eigenschaften des Mondes verwandt. Von daher birgt Blau eine launische und sinnliche Kraft in sich, die einerseits zu heilen und andererseits zu zerstören vermag. Und da Blau auch unsere Träume nährt, ist es die Farbe der Phantasie, des Sehnens und der Irrationalität; allesamt Momente, die den Liebenden in selbstverständlicher Weise eigen sind.

Von dieser Art also sind die Kräfte und Strukturen, die dieses Orakel durchwirken und ihm Atmosphäre und Gestalt verleihen. Nun liegt es an Ihnen, es für sich zu nutzen. Schaffen Sie sich für die Befragung des Orakels eine angemessene Stimmung. Ziehen Sie sich dazu an einen ruhigen Ort zurück. Entzünden Sie liebliches Räucherwerk. Rosenduft wäre das Naheliegende für ein Liebesorakel; sofern Sie jedoch einen anderen Duft bevorzugen, sollten Sie diesen wählen, damit die Stimmung für Sie die richtige ist. Zünden Sie eine rote Kerze an und rücken Sie sie zu Ihrer Rechten, während Sie zu Ihrer Linken eine Schale mit frischem Wasser stellen. So haben Sie zu Ihrer Rechten das Feuer, zu Ihrer Linken das Wasser, über Ihnen die Luft und unter sich die Erde. Hierdurch sprechen Sie alle vier Elemente an und schließen sie zu einem machtvollen Kreis. Statt der Schale Wasser dürfen Sie auch eine Schnittrose in einer Vase zu Ihrer Linken stellen. Um sich ein persönliches Ambiente zu schaffen, legen Sie sich Musik auf, die Sie für das Orakel angemessen halten. Sind Sie beispielsweise unglücklich verliebt, werden Sie vermutlich eine sentimentale Melodie wählen, während Sie auf Wolken schwebend eher beschwingte Töne anklingen lassen werden. Breiten Sie vor sich ein rotes Tuch aus und legen Sie die

dem Buch beiliegenden Herzen darauf zu einem Kreis aus. Legen Sie hierfür ein rotes Herz in die Mitte und arrangieren Sie die restlichen sechs Herzen, abwechselnd mit roter und blauer Oberfläche nach oben weisend, darum herum. Bedenken Sie darauf in aller Ruhe Ihre Frage. Seien Sie dabei sich selbst gegenüber kritisch, indem Sie versuchen, das wahre Motiv, das Sie zum Orakel drängt, zu ergründen. Haben Sie schließlich Ihre Frage gefunden, nehmen Sie die Herzen mit Ihrer linken Hand auf und verschließen Sie sie zwischen Ihren hohlen Händen. Schütteln Sie die Herzen und sprechen Sie dazu Ihre Frage laut aus. Abschließend lassen Sie die Herzen auf das rote Tuch fallen und reihen sie zur Losung auf.

Sie können das Orakel auf zwei unterschiedliche Arten befragen. Die Entscheidung, ob Sie dabei eine der vorformulierten Fragen wählen oder aber sich selbst eine Frage ausdenken wollen, liegt ganz bei Ihnen. Im ersten Teil des Buches werden Ihnen 21 Fragen angeboten (»Die Liebe fragt, das Orakel antwortet«). Die jeweilige Antwort ergibt sich aus der Anzahl der blauen beziehungsweise der roten Herzen bei Ihrem Wurf. Im zweiten Teil des Buches können Sie individuelle Fragen an das Orakel richten (»Das große Liebesorakel«). Die jeweilige Antwort ergibt sich hier aus der Reihenfolge der geworfenen – und anschließend blind in Reihe gebrachten – Herzen. Weitergehende Erläuterungen zu den beiden Orakelformen finden Sie zu Beginn der betreffenden Abschnitte.

Sie können an das Orakel mehrere Fragen hintereinander richten, um das Für und Wider einer Angelegenheit, ihre Facetten und mögliche Entwicklung umfassend zu erkunden. Allerdings sollten Sie Ihre Frage am selben Tag nicht noch einmal stellen.

Selbstverständlich dürfen Sie das vorliegende Liebesorakel ebenso als ein Spiel begreifen und es in heiterer Runde befragen. Doch achten Sie auch hier darauf, welche Fragen Sie an das Orakel richten, denn, so wissen wir aus dem Alltag, hinter jedem Spiel und jedem Scherz liegt auch ein Körnchen Ernst und Wahrheit. Dasselbe gilt für das Orakel. Vermeiden Sie deshalb Fragen, deren Antworten Sie möglicherweise bestürzen oder bloßstellen könnten.

Und sollten Sie einmal die dem Buch beiliegenden Herzen für die Losung nicht parat haben, können Sie statt ihrer das Liebesorakel auch mit sieben gleichen Münzen befragen. Wählen Sie hierfür möglichst Silber- oder Kupfermünzen. Da der Euro nicht rein silberfarben ist, greifen Sie am besten zu Zwei-Cent-Stücken, die sowohl mit ihrem rötlichen Ton als auch mit ihrem Wert am ehesten liebevolle Zweisamkeit symbolisieren. Die Farben der Herzen Rot und Blau weisen Sie dabei den beiden Seiten der Medaille wie folgt zu:

Rot = die Kopfseite der Münze

Blau = die Zahlseite der Münze

Alsdann verlieben Sie sich und bleiben Sie verliebt, beschwören Sie die Liebe und lassen Sie sich von ihr wärmen und vom Liebesorakel in angenehmster Weise überraschen.

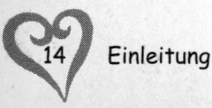

Die Liebe fragt,
das Orakel antwortet

Sind wir verliebt, sind wir glücklich – doch beileibe nicht ohne Fragen. »Liebt er mich, oder liebt er mich nicht?«, das ist wohl die brennendste Frage, die jeden Liebenden beschäftigt, vor allem dann, wenn die Liebe noch taufrisch ist und man noch nicht wagt, sich dem anderen zu erklären. Doch sobald man die drei Zauberworte »Ich liebe dich« flüstern durfte, brennt den Liebenden bereits die nächste Frage auf der Zunge: »Wird er mir treu sein?«, ist nun die Sorge, die die Liebenden umtreibt. Eine Frage, deren Antwort sich nicht so leicht einstellt, wie dies bei der ersten meist geschieht: Sie braucht Zeit und Vertrauen. Je nach Gemüt können Furcht und Zweifel die Liebe dauerhaft verschatten. Treue ist die Selbstverständlichkeit der Liebe. Untreue empfinden wir dagegen als einen Schicksalsschlag, und für gewöhnlich bedeutet sie auch den Anfang eines langen Endes. Und so ist es nicht verwunderlich, dass ein Liebesorakel besonders oft zu Fragen der Treue konsultiert wird. Das Orakel soll unsere bösen Ahnungen entweder bestätigen und somit schicksalhaft besiegeln oder aber unsere falschen Zweifel ein für alle Mal zerstreuen.

Nun sind diese beiden Fragen nicht die einzigen, die uns als Liebende umtreiben. Je nachdem, welche Temperamente sich in einem Paar treffen und verbinden, gehen mit der Liebe Freud und Leid einher. Und so möchten wir vom Schicksal wissen, ob unser Glück von Dauer, unser Kummer begrenzt sein wird. Es sind oft Fragen, die wir nur zögernd stellen, weil wir die Antworten darauf fürchten. Würde uns doch ein ungünstiger Orakelspruch auffordern, die Liebe selbst neu auszuloten und zu wiegen, ob sie das Kommende unbeschadet überdauern wird oder an ihm zerbrechen könnte. Gleichwohl wirkt solches Wiegen auch in die Gegenwart hinein und vermag in seiner Weise eine müde, vom Alltag zugedeckte Liebe durchaus so weit zu beleben, dass die angedeutete Fügung sich verliert und die Liebe nach erneutem Fragen in hellem Schein erstrahlt, da ihr kein Hindernis mehr im Wege steht.

In diesem Sinne sollten Sie auch die Antworten auf die nachstehenden 21 Fragen zur Liebe verstehen. Sie weisen folglich auf Tendenzen hin, die sich aus den augenblicklichen Umständen und dem Grad der Zuneigung ergeben. Deshalb ist es wichtig, dass Sie das Orakel möglichst nur bei ausgeglichener Gemütslage befragen, damit keine allzu starken Stimmungswallungen den Impuls Ihrer Frage und dadurch gleichermaßen den Spruch der Orakels verdunkeln. Wenn Sie darüber hinaus für eine Atmosphäre und Umgebung sorgen, die einer ernsthaften Befragung des Orakels angemessen sind, wird Ihnen das Orakel einen Spruch liefern, der Ihnen als positiver Denkanstoß zur Betrachtung Ihrer Zweisamkeit zur Seite steht.

Die Regeln für das Frage- und Antwortspiel

Die folgenden 21 Fragen beziehen sich auf verschiedene Stadien und Konstellationen einer Zweisamkeit. Lesen Sie sich die Fragen durch. Spricht Sie eine Frage besonders an, sollten Sie das Orakel hierzu befragen.

Zu jeder Frage bietet das Orakel jeweils 16 Antworten. Diese Antworten sind in zwei Gruppen unterteilt. Die eine gibt Antworten auf Fragen von »Anbandelnden«, womit Personen gemeint sind, die gerade frisch verliebt am Anfang einer Beziehung stehen. In einem zweiten Block finden sich die Antworten für »Verbandelte«, womit jene Personen angesprochen sind, die bereits eine überschaubare Zeit fest verbunden sind, wobei die Antworten für Verbandelte durchaus auch die frisch Verliebten interessieren könnten, soweit sich aus ihnen eine Tendenz für die Entwicklung der Beziehung herauslesen lässt.

Wollen Sie das Orakel zu einer der 21 aufgelisteten Fragen befragen, so umschließen Sie die sieben Herzen mit beiden Händen, bedenken Sie noch einmal die Frage und erbitten Sie sich vom Orakel die passende Antwort. Dazu schütteln Sie die sieben Herzen in Ihren Händen. Sobald Sie glauben, dass das Orakel Ihrer Frage wohlgesonnen scheint, lassen Sie die Herzen aus Ihren Händen vor sich auf den Tisch fallen.

Sehen Sie nach: Welche Herzen sind bei Ihrem Wurf in der Überzahl – die roten oder die blauen? Die Menge der überzähligen Herzfarbe bestimmt nun den Orakelspruch. Haben Sie beispielsweise zwei blaue und fünf rote Herzen geworfen, finden Sie – da drei rote Herzen überzählig sind – Ihre Antwort unter »Drei rote Herzen Überzahl«. Dabei steht im Buch ein dunkel gefülltes Herz für die Farbe Blau und ein helles Herz für die Farbe Rot.

Wurfmöglichkeit: Überzahl von 3 roten Herzen

Die Nummerierung der Antworten (1–21) entspricht dabei denen des Frageteils, wobei Sie zwischen den Rubriken »Anbandeln« und »Verbandelt« wählen können.

Drei mal sieben Fragen zur Liebe

1. Kann ich mich auf das Abenteuer mit diesem Schatz einlassen, oder sollte ich vielleicht doch auf bessere Zeiten warten?

2. Liebt er mich, oder wie soll ich sein Verhalten deuten?

3. Hält er mich wirklich für so einzigartig, oder sind seine Schmeicheleien nur kalte Berechnung?

4. Darf ich seinen Worten Glauben schenken und ihm vertrauen, oder ist alles nur falscher Schein?

5. Was kann ich tun, um meinem Schatz den Kopf zu verdrehen?

6. Soll ich mich offenbaren, oder ist es klüger, ihm die kalte Schulter zu zeigen?

7. Darf ich mich so geben, wie ich bin, oder sollte ich mir besser eine Maske vorhalten?

8. An welcher Leine ließe sich mein Schatz am besten führen?

9. Soll ich diese Beziehung vertiefen oder es bei den schönen Momenten belassen?

10. Wie wird sich mein Schatz in meiner Familie und unter meinen Freunden, und wie werde ich mich unter den Seinigen fühlen?

11. Vermag mir mein Schatz das zu geben, was ich mir von ihm erträume?

12. Werde ich mit diesem Schatz glücklich sein, und bleibt es mit ihm so aufregend wie am ersten Tag?

13. Auf welche seiner guten und schlechten Eigenschaften sollte ich besonders achten?

14. Habe ich Grund zur Eifersucht?

15. Was will mir mein Schatz mit seinem seltsamen Verhalten sagen, oder sehe ich Gespenster?

16. Wird die Liebe weiter wachsen, oder was könnte mein Glück trüben?

17. Bin ich verliebt oder verblendet, oder warum nur tue ich mir das alles an?

18. Ist es Gewohnheit oder Liebe, oder ist es an der Zeit, einmal auszubrechen?

19. Werde ich diesen Schatz wiedersehen, und was wird dann sein?

20. Wird er mich oder werde ich ihn verlassen, und werden wir darüber noch Freunde bleiben?

21. Wird sich mein Schatz mir ganz zuwenden, oder muss ich ihn noch länger mit der anderen Person teilen?

Die Antworten für Anbandelnde

Ein blaues Herz Überzahl

1. Egal ob du dich darauf einlässt oder nicht, du wirst weiterhin mit dem Gefühl leben, dass mit den Zeiten auch deine Liebhaber kostbarer werden müssten.

2. Er sieht weniger dich als das Luftschloss, das er sich baut. Und solange es dir nicht zu windig ist, darfst du der Traum an seiner Seite sein. Der Liebe freilich fehlt die Wirklichkeit!

3. Es ist eiskalte Berechnung. Er will nur dich und sonst keine. Dass seine Schmeicheleien dazu noch wahr sind, erleichtert es ihm, wie du deutlich spürst, seinem Ziel näher zu kommen.

4. Glaube seinen Worten nicht zu sehr. Zwar lügt er nicht, denn er spricht nur aus, was er glaubt zu sein. Doch solange er nicht ist, was er sein will, bleibt alles nur beim schönen Schein.

5. Bau ihm ein Luftschloss, reiß es wieder ein und errichte ihm gleich darauf ein neues. Und je fester der Grund sein wird, auf den du die luftigen Behausungen setzt, um so faszinierender wird er dich finden.

6. Solange es dunkel ist, darfst du sagen, was du willst. Doch sobald die Sonne aufgeht, solltest du dich in dein Schneckenhaus zurückziehen, um Verletzungen zu vermeiden.

7. Das kommt auf die Maske an, die du tragen möchtest. Ist es die Maske der Widersprüchlichkeit, bist du interessant. Ist es die Maske des Hochmutes, wirst du verehrt. Ist es dein wahres Gesicht, wird man dir nicht glauben wollen.

8. Unruhig wird dein Schatz nur werden, wenn er kein Ziel hat, dem er zustreben kann. Darum gib dich ihm zur Aufgabe, und erlaube ihm, dich ein ums andere Mal erobern zu dürfen.

9. Vertiefen kannst du sie allemal, sobald du mit ihm über Gott und die Welt und vor allem über ihn sprichst. Danach weißt du, ob du wirklich Gefallen an ihm findest.

10. Was sorgst du dich um eure Freunde, wo er dein Ein und Alles ist? Ihr werdet gemeinsame neue und alte Freunde haben, doch in der Hauptsache werdet ihr beide euch selbst genug sein.

11. Solange deine Träume Hand und Fuß haben, hast du in ihm den besten Traumdeuter, den du dir wünschen kannst. Träumst du

dazu noch von ihm, wird er sich zum Hüter deiner Träume aufschwingen.

12. Ein Schatz zum Kuscheln ist er nicht, dafür aber eine treue Seele, mit der du große Pläne schmieden kannst. Planst du also, dein Glück zu schmieden, darfst du auf ihn zählen.

13. Solange du diesen Schatz bewunderst, schnurrt er wie ein Kätzchen und reißt sich für dich die Beine aus; doch beginnst du, an ihm zu zweifeln, wird er beginnen, an dir zu reißen.

14. Auch wenn du deinem Schatz noch so sehr schmeichelst, bleibt er auch fremden Schmeicheleien nicht abgeneigt. Doch solange ihr euch einig seid, wird er die Grenze nicht übertreten, an der du beginnst zu toben.

15. Noch ist dein Schatz kein Gespenst, das dir entfleucht und unfassbar bleibt. Doch die Tendenz dazu ist da, will er doch von dir noch mehr geliebt sein, als nur geliebt werden.

16. Es ist der Alltag, der leicht zum Winter der Liebe wird. Ob deine Liebe auch alltagstauglich ist, zeigt sich daran, wie dein Schatz morgen auf dich zugehen wird, denn in gleicher Weise wirst auch du ihm begegnen.

17. Es ist dein Los, weil du davon besessen bist, diesen Pfau dazu zu bringen, dass er sein Rad nur noch für dich schlägt. Kommt gar noch die Liebe hinzu, mag dir dies sogar gelingen.

18. Es ist eine liebe Gewohnheit, dass du dir diese Frage stellst. Und so wirst du deinen Glauben nicht verlieren, dass noch etwas Besseres kommen könnte. Doch auch für dich werden keine Engel vom Himmel fallen.

19. Du wirst ihn nur wiedersehen, wenn du einen nachhaltigen Eindruck bei ihm hinterlassen hast. Deshalb solltest du keinesfalls scheu zur Seite blicken, sondern ihn offenherzig und geradeaus anlächeln.

20. Du sollst am Morgen nicht nach dem Abend fragen. Der Tag ist noch lang und will geliebt sein. Wenn du am Abend mit ihm die sinkende Sonne betrachtest, wird es für euch einen neuen Morgen geben.

21. Während dein Schatz den Hahn im Korb spielt, zählst du zu den beiden dummen Hennen. Und daran würde sich auch nichts ändern, wenn die andere Henne aus dem Nest hüpft.

 **Drei blaue Herzen Überzahl**

1. Sofern du kein weiteres Ass im Ärmel hast, vergnüge dich kurz und heftig und träume dazu von den guten alten Zeiten.

2. Noch ist Liebe ein zu großes Wort. Er mag dich und zittert vor dem Korb, den du ihm geben könntest. Es liegt also ganz bei dir, nach welchen Regeln das Spiel gespielt wird.

3. Er schmeichelt dir, gewiss. Doch ist dir das wirklich so unangenehm, dass du ganz auf diese Annehmlichkeit und die erhofften Freuden verzichten möchtest?

4. Glaubst du seinen Worten, sorgst du für süße Träume. Zweifelst du an ihnen, wird dich der Liebeskummer früher plagen, als es dir zugedacht war.

5. Er mag es sinnlich und bodenständig. Verwirre ihn deshalb nicht mit ausgesuchten Liebesgaben, sondern mache ihm nur solche Geschenke, die er sich auch selbst machen würde.

6. Fall nicht gleich mit der Tür ins Haus. Besser, du öffnest sie nur einen Spalt breit, um ihn mit dem Zauber der dahinter verborgenen Geheimnisse zu locken. Der Rest wird ein neckischer Handel um Vertrauen und Liebe sein.

7. Gebe dich so, wie du bist und spiele den Clown. Sei heiter und tiefsinnig, so machst du im wechselnden Licht stets eine gute Figur, ohne je durchschaut zu werden.

8. Sobald er satt ist, wird dein Schatz verdrießlich. Darum verwöhne ihn nicht zu sehr, denn nur solange er hungrig bleibt, bleibt er dir zugeneigt.

9. Denke jetzt nicht über das Morgen nach. Genieße das Kribbeln im Bauch und verliebe dich in die schönen Augenblicke. Erst wenn das Kribbeln nachlässt, wirst du wissen, ob du dich wirklich in deinen Schatz verliebt hast.

10. Die Freunde und Familien werden sich, sofern ihr euch ihre gutgemeinten Ratschläge nicht energisch verbietet, bald besser verstehen als ihr euch.

11. Sofern du an dein Herz denkst, mag es eher zu wenig sein, was er dir geben kann. Denkst du indes an Lust und Leidenschaft, wird er kaum Wünsche offen lassen.

12. Du wirst glücklich sein, und die Aufregung des ersten Tages wird ebenso eine schöne Erinnerung bleiben wie das Glück, das du mit ihm genossen haben wirst.

13. Dieser Schatz schätzt die Behaglichkeit und weiß sie gekonnt zu pflegen. Ein angenehmer Zug, der ihm zugleich zum Laster werden kann. Denn wird er nicht gefordert, zeigt er sich rundum faul und träge.

14. Dieser Schatz hält es mit der Treue wie mit den Genüssen: Wo es ihn einmal gemundet hat, da kehrt er gerne wieder ein. Halte ihn darum besser von den Verflossenen fern.

15. Frage nicht das Orakel, sondern frage deinen Schatz. Er ist es, der mit unerfüllten Wünschen schwanger geht und es nicht wagt, sie auszusprechen. – Eine Wende in der Liebe!

16. Diese Liebe hat einen guten Kern, aus dem ein starker Spross wachsen kann. Allerdings scheint dein Schatz eher die Blüten pflücken, als die Rosen züchten zu wollen.

17. Um euch so wie ihr es liebt, miteinander zu vergnügen, genügt es, wenn ihr euch begehrt. Kommt dann zur Lust noch Liebe, wird daraus ein himmlisches Vergnügen. Du aber stehst dazwischen und blinzelst mal nach links und mal nach rechts.

18. Wenn ihr euch weiterhin so einigelt und euch in eurer kleinen Welt auf die Nerven geht, wird die Liebe verblassen. Darum brecht eng umschlungen aus, ehe die Freude aneinander zur Qual wird.

19. Dies ist keine Schicksalsfrage. Denn wenn du diesen Schatz wiedersehen willst, wirst du Mittel und Wege finden, ihn zu verfolgen und ihn am Ende auch in deine Arme locken.

20. Was spielt es für eine Rolle, wer wen verlassen könnte; am Liebeskummer würdet ihr beide leiden. Darum seid lieber achtsam, solange ihr euch noch ohne Kummer liebt, um eben diesen zu vermeiden.

21. Da du am Anfang stehst, kannst du dir das Ende nur denken. Du bist es, der sich als fünftes Rad am Wagen andient, und so weißt du auch, dass während der Fahrt ein Rad nicht gewechselt wird.

 **Fünf blaue Herzen Überzahl**

1. Sagst du Ja, wirst du es bereuen. Doch sagst du Nein, wirst du es ebenfalls bereuen. Also wähle den schöneren Grund zur Reue.

2. Würde er dich lieben, würde er mehr Feingefühl zeigen. Er will dich nur besitzen, um eine weitere Kerbe in sein Kerbholz zu schnitzen. Erlaube ihm einen solchen Schnitzer nicht.

3. Nun, der einzige Mensch auf der Welt, von dem er wirklich etwas hält, ist er selbst. Darum verweigere dich seinem eitlen Spiel, willst du dich nicht selbst verletzen.

4. Wenn du ihm vertraust, kannst du auch dem Teufel vertrauen. Darum lasse ihn weiter sein leeres Stroh dreschen, doch stelle dich dazu nicht an seine Seite.

5. Mache ihm Hoffnungen und lasse ihn gleichzeitig bangen. Erst wenn er vollends verzweifelt ist, wird er sein Herz entdecken und dir das Spiel aus der Hand und dich in die Arme nehmen.

6. Klug wäre, du machst dich so rar, dass er dich nicht mehr findet. Denn reichst du ihm den kleinen Finger, könntest du ebenso gut mit der ganzen Hand auf eine heiße Herdplatte fassen.

7. Solange dein Schatz seine Karten nicht auf den Tisch gelegt hat, solltest du dein Gesicht sorgsam verbergen. Halte dir deshalb hinter der Maske des Überlegenen alle Chancen offen.

8. Du müsstest schon ein Löwenbändiger sein, um ihm zeigen zu können, wo es lang geht. Darum sei achtsam, dass es am Ende nicht du bist, der an die Leine gelegt wird.

9. So weit vermagst du dich gar nicht einzuschränken, dass du mit ihm eine Beziehung eingehen kannst. Darum entziehe dich ihm, solange dein Herz noch kalt ist. Andernfalls wirst du lange an ihm und deinem Liebeskummer zu leiden haben.

10. Die Zeit wird kommen, da du dich zwischen ihm und deinen Freunden entscheiden musst. Doch soll dich das jetzt nicht sorgen. Sobald es geboten ist, werden dir seine Freunde deine Entscheidung erleichtern.

11. Falls du wie er in einem Wolkenkuckucksheim lustwandeln willst, hast du den Richtigen; denn Flausen hat er genug. Ansonsten gibt er lieber vielen als nur einem Schatz.

12. Die Aufregung des ersten Tages wird sich noch steigern. Allerdings wirst du an dieser Art der Steigerung wenig Gefallen finden und liebend gerne auf das weitere Glück verzichten.

13. Die guten Seiten kehrt er zu Anfang heraus, und du wirst ihn darob sehr schätzen. Doch mit der Zeit zeigt sich sein schlechter Kern, und du wirst ihn darob zu hassen lernen.

14. Gründe zur Eifersucht gibt es genug, doch stecken dahinter keine Tändeleien als vielmehr all der Zeitvertreib, von dem er sich locken lässt und über den er dich so gern vergisst.

15. Offensichtlich befindet er sich auf dem Rückzug. Nur weiß er noch nicht, wie er dir aus den Fängen kommt. Es liegt an dir, ihn mit oder ohne Blessuren freizugeben.

16. Was sorgst du dich um die Zukunft dieser Liebe, wenn du jetzt schon Schatten über sie ziehen siehst. Sei also sparsam mit deinen Gefühlen, damit du rechtzeitig spürst, wann der Quell zu versiegen beginnt. Gehe zur rechten Zeit!

17. Du glaubst, die Liebe könnte kranke Seelen heilen. Ein Glaube, der dich adelt, doch eine Aufgabe, die nicht die Liebe meint, die du verspürst. Darum fliehe schnell in deinen Liebeskummer.

18. Es ist eher deine Gewohnheit, dich immer wieder mit den Falschen einzulassen und mit den Richtigen zu tändeln. Darum lasse dich dieses Mal nicht ein, sondern wähle das Geplänkel.

19. Auch wenn du es nicht glauben willst, es ist besser, wenn du dieses Schätzchen nicht mehr wiedersiehst. Denn hättest du es erst, müsstest du deinem Glück gar noch hinterherlaufen und würdest es doch nicht zu fassen bekommen.

20. Es wird nur einen Verlierer geben, wenn ihr euch trennt, und der bist du. Doch darfst du das Spiel zumindest erhobenen Hauptes verlieren, sofern es dir gelingt, ihm rechtzeitig den Laufpass zu geben.

21. Warum willst du diesen Schatz nur ganz für dich allein. Sei glücklich, dass du ihn nur für sonntags hast. So hast du ihn von seiner besten Seite, während die andere Person auch seine grobe Seite lieben muss.

 **Sieben blaue Herzen**

1. Lässt du dich darauf ein, lässt du eine andere Chance sausen. Verzichtest du jedoch, verzichtest du auf ein Erlebnis, an das du dich andernfalls gerne erinnern würdest.

2. Bist du weiter so streng mit ihm, wird er es nie wagen, seine Liebe zu bekennen. Es liegt also an dir, ob du ihn zu deinem Lakaien oder zu deinem Liebhaber machst. Ihm wird beides eine Ehre sein.

3. Wenn du ehrlich bist, dürfte er dir durchaus noch ein wenig mehr schmeicheln. Also verweigere dich und lasse ihn so lange weiter schmachten und balzen, bis dir sein Lied gefällt.

4. Seine Worte sind geringer als seine Gesten. Darum achte auf seine Augen; in ihnen siehst du Wahrheit und Lüge und den Menschen, der wirklich in ihm steckt.

5. Um ihn zu verwirren, musst du dich nicht weiter anstrengen, er ist ohnehin verwirrt, sobald er dich sieht. Darum sei milde und gib ihm den erhofften Wink, nach dem er so begierig lechzt.

6. Wenn es dir Spaß macht, ganz langsam entblättert zu werden, so darfst du dich ihm häppchenweise offenbaren. Doch solltest du dann das Spiel auch nicht vorzeitig beenden.

7. Sei unbekümmert und gib dich ganz unverstellt so, wie du bist. Spielst du das Spiel mit vollem Risiko, kannst du nichts verlieren, selbst wenn du am Ende nichts gewonnen hast.

8. Mach ihm Versprechungen, und vergiss sie rasch wieder. Er wird sie nicht vergessen und dich zaghaft daran erinnern. Zeige dich daraufhin gnädig, damit er dankbar sein kann.

9. Wage dich vor und erkunde, wie tief die Liebe sein könnte. Doch sei achtsam, denn wirklich tief wird sie nur werden, solange ihr euch einander nähert, ohne euch gegenseitig etwas zu nehmen.

10. Versteckt euch vor beiden Seiten. Doch lange werdet ihr euch nicht verbergen können, und die Zeit still vergnügter Turtelei wird unversehens vorüber sein.

11. Frage deinen Schatz, wovon er träumt. Teilt er deine Träume, wird er in der Tat dein Traumprinz sein. Teilt er sie nicht, soll-

test du ihm das Träumen lehren, damit er deine Träume mit dir teilen kann.

12. Das Glück kommt ebenso wie die Aufregung auf leisen Sohlen. Dafür aber wird es ein anhaltendes Glück sein und eine sich steigernde Erregung, die dich taumeln lässt.

13. Er ist mal kalt, mal heiß, und so wirst du ihn wie ein Jojo empfinden. Bist du ihm nahe, will er fliehen. Bist du ihm fern, drängt er sich auf. Nur wahre Liebe wird ihn in der Mitte halten.

14. Lebst du nach dem Motto »Was ich nicht weiß, macht mich nicht heiß«, darfst du getrost schlafen. Allerdings solltest du dann auch nicht in die Gesichter derer blicken, die dein Schatz in deinem Beisein nicht anblickt.

15. Siehst du nicht, wie ihm das Herz bis zum Halse klopft? Er will sich dir erklären und weiß nicht, wie er es anstellen soll. Sofern du seine Erklärung wünschst, solltest du ihm rasch einen Schritt entgegenkommen.

16. Noch ist es ein Geplänkel, das zur Liebe werden kann. Es liegt somit an dir, ob du diese Liebe willst und damit auch die Eigenarten deines Schatzes leiden magst.

17. Deine Frage ist vergebene Liebesmühe, du hast dein Herz längst an ihn verloren. Und da es deinem Schatz nicht anders ergeht, dürft ihr euch den Wahnsinn getrost weiter antun.

18. Dir ist nur Angst und Bange vor der Liebe. Du spürst zu Recht, dass diesmal alles anders ist als zuvor. Und da du diese Gefühle noch nicht erfahren hast, bleibt dir nur, dich vom Kommenden angenehm überraschen zu lassen.

19. Setzt du dich wie ein treuer Hund auf den Platz, an dem sein Blick dich streifte, darfst du damit rechnen, dass sich eure Blicke wieder kreuzen. Und da aller guten Dinge drei sind, wird es mit dem dritten Male auch um euch geschehen sein.

20. Wenn es dir allein um seine Freundschaft geht, so kannst du sie jetzt schon haben. Dann aber darfst du ihn bei aller Freundschaft lieben, wann immer es dir recht ist.

21. Sofern du ihn drängst und tüchtig schmollst, wirst du ihn dazu bringen, sich dir ganz zuzuwenden. Allerdings wird dies für dich ein hoher Preis sein, da die Bande, die ihn hielten, so schnell nicht reißen werden.

♡ Ein rotes Herz Überzahl

1. Wiege die Gegenwart nicht gegen die Zukunft auf. Der kommende Morgen wird dir zeigen, ob diese Liebelei auch eine Zukunft hat.

2. Ein gebranntes Kind meidet das Feuer. Darum sprich nur von Liebe, wenn du dir sicher bist, ihn nicht zu enttäuschen. Und falls er zu früh plappern will, verschließe ihm den Mund.

3. Er hat deine Einzigartigkeit durchaus erkannt, nur wird er sie auch mit anderen vergleichen, weshalb bald gewöhnlich wird, was jetzt noch besonders ist. Halte ihn deshalb von deinen Kreisen fern.

4. Wenn es sein muss, verspricht er dir den Himmel auf Erden, was manches Mal recht tröstlich sein mag. Doch hast du ihn erst einmal durchschaut, wird er ziemlich wortkarg werden.

5. Erzähle nicht zu viel von dir, sondern lasse dich von ihm ausfragen. Dich zu entdecken, wird ihm darauf ein Vergnügen sein, von dem er nicht mehr lassen möchte.

6. Nun, du darfst auch Lüge oder Wahrheit spielen, und dabei testen, wie einfühlsam dein Schatz ist. Rückt er dabei deiner Wahrheit nicht von allein näher, solltest du ihm ebenfalls nicht näher rücken.

7. Um Mitternacht ist Demaskierung, bis dahin solltest du wissen, welches Gesicht du ihm dann zeigen möchtest. Dieses allein wird das Gesicht sein, dass er lieben möchte.

8. Belässt du ihm die Illusion, dass er die erste Geige spielt, darfst du als Dirigent den Takt vorgeben. Doch lasse ihm ein wenig Zeit, bis er deine Zeichen zu deuten versteht.

9. Entscheide dich. Willst du die Beziehung vertiefen oder deinen Status erhöhen? Für das erste musst du streiten, für das zweite aber musst du dich beugen und deine Liebe verraten.

10. Solange du die Seinen lobst, werden auch die Deinen gelitten sein. Doch wagst du es, die Seinen zu kritisieren, so werden auch die Deinen nicht weiter geschont werden.

11. Gib ihm einen Grund, sich für dich krumm zu legen, und er wird es tun. Doch erwarte überdies nicht mehr von ihm, es sei denn, du hast weitere gute Gründe, ihn auf Trapp zu halten.

12. Ist die Liebe auf den ersten Blick verklungen, wird ihr die Liebe auf den zweiten Blick folgen. Sie wird das Fundament sein, auf dem ihr euer Glück aufbauen könnt.

13. Willst du einen Minne, der sich für dich opfert, hast du in ihm den Richtigen gefunden. Das Minnelied indessen solltest du ihm singen, um ihm der Liebe Leidenschaft zu lehren.

14. Für deine Frage gibt es keinen Grund. Freilich solltest du ein wenig achtsam sein, dass dein Schatz seine Träume nicht mit anderen teilt. Denn das allein wäre die verborgene Pforte, durch die er sich entfernen könnte.

15. Nicht du bist es, der Gespenster sieht, sondern dein Schatz. An ihm zerrt insgeheim das Gift der Eifersucht, da er sich deiner nicht sicher ist. Willst du ihn heilen, solltest du ihm deine Hand auflegen.

16. Ihr mögt euch und habt Gefallen aneinander. Das ist ein guter Grund für eine Liebe. Doch ob sie auch tief in euren Herzen wurzeln wird, hängt davon ab, ob ihr auch bereit seid zu lernen, eure Gedanken ebenso zu mögen.

17. Gewiss, Liebe macht blind. Doch was dich an diesem Schatz verblendet, ist nicht nur Liebe, sondern seelische Verwandtschaft. Und so verknotet ihr, was längst gebunden ist.

18. Auch aus Gewohnheit kann Liebe werden. Und so musst du dich an diesen Schatz erst gewöhnen, ehe du ihn lieben kannst; aus einer gewissen Distanz wird dir das am ehesten gelingen.

19. Gewiss wirst du ihn wiedersehen. Ob dieser Schatz dann allerdings noch so glänzen wird, steht auf einem anderen Blatt. Doch auch ein stumpfes Goldstück lässt sich noch aufpolieren.

20. Was für eine Frage! So lau wie diese Liebe weht, werdet ihr es kaum bemerken, wenn es auseinander geht. Es wird euch erst klar sein, dass ihr kein Paar mehr seid, wenn ihr längst Freunde geworden seid.

21. Dein Schatz ist ein Hasenfuß, der sich nicht traut, seine alte Liebe zu verabschieden. Also musst du ihn vor die Wahl stellen, wenn du ihn ganz für dich haben willst. Ob du dies willst, solltest du freilich erst eine Weile prüfen.

1. Warum willst du auf bessere Zeiten warten, wo die beste Zeit begonnen hat? Genießt du dieses Glück, wird dir das Glück auch darüber hinaus noch hold bleiben.

2. Er ist weich wie Wachs und bemüht, seine Fassung zu bewahren. Also solltest du ihn aus der Fassung bringen und nach deinem Belieben formen. Schmiede dir ein Schmuckstück!

3. Er schmachtet um der Liebe wegen. Lässt du ihn gewähren, wird er sich verrechnen. Von dann an wirst du es sein, der seinerseits berechnend Ansprüche an ihn stellen darf.

4. Nimm's nicht so genau! Ob Lüge oder Schein, es wird ein Heidenspaß mit ihm werden, mehr soll es auch nicht sein. Also lasse dich beschwatzen und verzaubern, bis du entweder genug hast oder selbst zum Münchhausen geworden bist.

5. Bekoche ihn, denn bei ihm geht die Liebe durch den Magen. Besser noch, du lässt dich von ihm bekochen, damit du weißt, mit welchen Genüssen du ihn verzaubern kannst.

6. Da sich dein Schatz nicht an deine kalte Schulter lehnen wird, wird dir nichts anderes übrig bleiben, als ihm etwas ins Ohr zu flüstern. Du wirst deinen Mut nicht bereuen müssen.

7. Halte dir eine goldene Maske vor und glänze im vollen Sonnenschein. Jedenfalls musst du dich nicht sorgen, dass dich dein Liebchen demaskiert. Es wird dich allenfalls in deinem Schein bestärken.

8. Fordere ihn, dich zu unterhalten und dich zu vergnügen. Allerdings solltest du auch willens sein, das Tempo, das er dabei vorlegt, mitzugehen, damit die Leine nicht reißt.

9. Wünschst du dir Sinnlichkeit und Abwechslung, hast du bereits alles, was du willst. Willst du indes deinen Alltag mit ihm teilen, solltest du in kleinen Schritten planen.

10. Man wird über euch staunen, und ihr werdet verlegen in der Mitte stehen. Doch sobald die Sensation vorüber ist, werdet ihr euch liebend gerne im großen Kreise feiern lassen.

11. Mit ihm könntest du reich werden. Ob es allerdings die Art von Reichtum sein wird, die du dir vorstellst, steht auf einem anderen Blatt. Denn bei ihm erfährt nur Fülle, was er liebt.

12. Die Nacht wird dir zum Tage werden und du wirst dich in deiner Leidenschaft selbst nicht mehr kennen. Das erhoffte Glück aber wirst du bei Tag verschlafen.

13. Seine beste Eigenschaft ist, selbst aus seiner eigenen Beerdigung noch ein rauschendes Fest zu machen. Andererseits wandelt er dafür auch mal zwei Schritte neben dem Grat zum Abgrund. Stelle dich auf eine ungestüme Zeit ein.

14. Eifersüchtig kannst du auf sein Temperament sein, denn wer das Leben so sonnig sieht wie er, der ist in der Tat zu beneiden. Hältst du mit ihm Schritt, wird er dir sonst keinen Grund zur Eifersucht geben.

15. So nahe wie du denkst, bist du ihm offenbar noch nicht, sonst wüsstest du, dass dein Schatz lediglich still darunter leidet, dass nach jedem Treffen auch ein Abschied folgt.

16. Die Liebe wird zum Alltag werden und euer Alltag wird voll Liebe sein. Dies birgt Glück und Gefahr. Denn wird euch der Alltag wichtiger als eure Liebe sein, werdet ihr kein Paar, sondern eine Firma sein.

17. Du musst schon sehr erfahren sein, wenn du dir diese Frage stellst. Und selbst wenn es so wäre, würde dich dieser Schatz noch sinnlich überraschen. Womit du Grund genug hast, dir das Ganze anzutun.

18. Es wird eine Folge von Ausbrüchen geben, sobald du deinem Schatz noch näher rückst. Und genau an sie solltest du dich rasch gewöhnen, denn eure Liebe wird ungewöhnlich stürmisch sein.

19. Ihr seid schon so oft aneinander vorbeigegangen, dass du ihn kein weiteres Mal verpassen solltest. Nütze den Augenblick, wenn du nicht willst, dass ihr auf Dauer Fremde bleibt.

20. Ihr spielt »gehasster Liebling«, und dies sind die Regeln: Mal wird er dich, mal wirst du ihn verlassen. Und dazwischen werdet ihr mal Freunde und mal Feinde sein. Und wenn dir das noch nicht genug ist, dann fang das Spiel von vorne an.

21. Es kommt darauf an, was du ihm zu bieten hast. Schließlich weiß er noch nicht, ob er sich zwischen Liebe oder Spaß entscheiden soll. Bietest du ihm beides, hast du die Katze schnell im Sack.

ꡖꡖꡖꡖꡖ Fünf rote Herzen Überzahl

1. Sofern du eine laue Nacht gleich für ein Abenteuer hältst, solltest du von besseren Zeiten nicht mehr erwarten, als dir bislang geboten wurde.

2. Seinem Verständnis nach ist es Liebe, die in Wahrheit nur ein Abenteuer sein soll. Solange auch du nicht mehr als diese Wahrheit willst, werdet ihr einander nicht enttäuschen.

3. Seine Schmeicheleien mögen wahr sein, seine Absichten sind verlogen. Lässt du dich mit ihm ein, solltest du es mit kaltem Herzen tun, um rechtzeitig Schluss machen zu können.

4. Erst wenn es dir gelingt, sein Geheimnis aufzudecken, das er mit einer Lüge bemäntelt, darfst du ihm trauen. Bis dahin aber wirst du vor Enttäuschungen nicht gefeit sein.

5. Gib dich launisch, gib dich klug und fordere ihn zum Streitgespräch. Je rätselhafter und unberechenbarer du ihm erscheinst, um so mehr reizt du ihn und seine Zuneigung.

6. Solange du dir seiner nicht sicher bist, ist es für dich ratsamer, diesen Schatz so lange mit deiner kalten Schulter zu beglücken, bis er sich gänzlich aus seinem Ei geschält hat.

7. Falls du weißt, wer du für den Augenblick gerade sein möchtest, so gib dich, wie du möchtest. Und bist du im nächsten Augenblick ein anderer, so gib dich ebenso. Nur so bleibst du in der Rolle des Regisseurs.

8. Willst du, dass sich dein Schatz dir fügt, musst du schon gehörig an ihm zerren. Darum solltest du dir besser überlegen, wie es wäre, wenn du ihn frei laufen lässt.

9. Lässt die Aufregung nach, lassen auch die schönen Momente nach. Nimm es als gottgegeben und versuche nicht, vergangene Freuden aufzuwärmen; sie würden nur genauso schal bleiben, wie sie sind.

10. Solange ihr euch einig seid, werdet ihr diese Prüfung heil überstehen. Am Ende werden euch die guten Freunde bleiben, und ihr werdet euch ein gutes Stückchen näher sein.

11. Zuvorderst wirst du ihm geben, was er sich erträumte. Doch rechne nicht damit, dass er für einen Ausgleich sorgt; es sei denn, du besitzt noch etwas, was er sich erträumen könnte.

12. Noch seid ihr beide nicht so verbunden, als dass ihr euch nicht verlieren könntet. Darum frage jetzt nicht nach dem Glück, sondern genieße, was dir gerade gefällt.

13. Er ist weder Fisch noch Fleisch. Er kann untreu sein und trotzdem treu. Er kann dich lieben und zugleich verachten. Alles Gute hat in ihm auch eine schlechte Seite. Zeigst du dich von deiner Sonnenseite, wird er es nicht anders halten.

14. Anstatt auf deinen Schatz zu schauen, solltest du besser darauf achten, dass du ihm keine Gründe lieferst; denn einige Verheißungen von anderer Seite könnten dich durchaus locken.

15. Da er nicht sagen kann, dass er Angst vor einer Bindung hat, weil er sie andererseits doch will, kannst du ihn therapieren oder ihm fern von dir die nötige Zeit zum Reifen geben.

16. Noch ist diese Liebe ein zu zarter Spross, als dass ihr von Bäumen träumen solltet. Erst müsst ihr eure Zweisamkeit befrieden, bevor ihr Pläne schmieden könnt. Bei diesem Unterfangen ist schon so manche Liebe zerbrochen.

17. Da bei dir ein halb leeres Glas stets halb voll erscheint, glaubst du, dies wäre in der Liebe ebenso. Doch die Liebe kennt keine halben Sachen. Darum trinke den schalen Rest schnell aus und bestelle dir ein volles Glas.

18. Was sich da anbahnt, wird für sich ein Ausbruch sein. Es wird eine kurze, aber heftige Liebe sein. Und es wird dir eine liebe Gewohnheit werden, dich ihrer immer wieder zu erinnern.

19. Aus den Augen, aus dem Sinn. Was dich erhitzte, war auf der anderen Seite nur Geschäker. Darum mag er dir noch so oft begegnen, als Schatz wirst du ihn nie wieder sehen.

20. Da ihr euch nie richtig erkennen werdet, bleibt es belanglos, wer am Ende wen verlässt. Ihr werdet wenig Spaß und wenig Zeit für einander gehabt haben, und das reicht weder für eine Freundschaft noch für eine Feindschaft.

21. Mache dich auf ein zähes Hin und Her gefasst. Du wirst belogen und betrogen werden, und dich immer weiter in eine Welt begeben, die nicht die deine ist. Und selbst wenn du am Ende gar gewonnen hast, wirst du mehr verloren haben.

♡♡♡♡♡♡♡ Sieben rote Herzen

1. Stürzt du dich in dieses Abenteuer, wirst du keinen Gedanken mehr an bessere Zeiten verschwenden. Darum halte dich nicht mit Fragen auf, wo Taten gefordert sind. Mit der Morgensonne wird dir die Liebe scheinen.

2. Habe Vertrauen in deine Gefühle und zaudere nicht. Dieser Schatz liebt dich ebenso heiß und innig wie du ihn. Darum gib ihm ein Zeichen, damit er dir sein Herz zu Füßen legen kann.

3. Zweifelst du an seiner Ehrlichkeit, so zweifelst du in Wahrheit an deinen Gefühlen für ihn. Wenn es so ist, wirst du es sein, der diese Liebe verraten wird.

4. Solche Augen lügen nicht. Darum lege seine Worte nicht auf die Goldwaage und lasse ihn an seinem Schein polieren. Er tut es allein dafür, um für dich im besten Licht zu stehen.

5. Sei einfach so, wie du bist. Verstecke dich und deine Liebe nicht. Blicke ihm tief und warm in die Augen, streichle seine Wange und lasse ihn wie Espenlaub erzittern.

6. Du hast dich längst mit deinem ganzen Wesen verraten, auch wenn du glaubst, noch ein Geheimnis zu bewahren. Sei darüber nicht gram, sondern nimm es als Freibrief, dich deinem Schatz mit Haut und Haaren hinzugeben.

7. Ein Herz lässt sich nicht verstellen; und schon gar nicht ein liebendes Herz. Zeige darum dein wahres Gesicht. Verbergen darfst du dich nur, wenn du mit ihm spielen willst.

8. Machst du seine Wünsche zu den deinen, wird er sich deine Wünsche zu den seinen machen wollen. Belasse ihm darauf seinen Willen, und sei ihm deinerseits ab und an gefällig.

9. Noch ein tiefer Blick und ein langer Kuss, und ihr werdet euch für eine Ewigkeit verlieben und zugleich den Grundstein eurer Zweisamkeit tief in eure Herzen senken.

10. Hab keine Bange, ihr werdet hier wie dort zu Hause sein. Man wird euch mit offenen Armen aufnehmen. Und eure Liebe wird der Anlass sein, dass sich wieder neue Freunde finden.

11. Träumst du davon, auf Händen getragen zu werden, so mache »schnipp« und dein Herzblatt wird es tun. Darum sei sparsam

mit deinen Träumen, damit dein Schatz auch lange an deinem Herzen ruht.

12. Es wird noch aufregender werden als am ersten Tag. Die Sonne wird euch scheinen, der Himmel voller Geigen hängen und man wird euer Glück vielstimmig besingen.

13. Übersieh die kleinen Kratzer auf deinem Goldstück und versuche nicht, sie wegzupolieren. Sie verleihen ihm den Charakter, den du liebst. Liebst du doch ebenso die Fusselchen in seinem Nabel und sein wirres Haar am Morgen.

14. Welch eine Frage! Für ihn könntest du deine Hand ins Feuer legen, wenn du sie nicht bräuchtest, um ihn zu liebkosen. Ihr habt nur Blicke füreinander, und dies wird auch so bleiben.

15. Es ist allein das Glück, das er dabei empfindet, in dir seinen Schatz gefunden zu haben, das ihn so unbeholfen wirken lässt. Warum auch sollte es ihm anders ergehen als dir?

16. Lasst ihr diese Liebe gedeihen, wie es ihr bestimmt ist, wird sie in den Himmel wachsen. Allerdings solltet ihr dann auch bereit sein, mit der Liebe mitzuwachsen. Gelingt es euch, werdet ihr das Traumpaar sein.

17. Das, was dir den Schlaf raubt, dir den Atem nimmt und dir das Herz zum Halse schlagen lässt, das ist Liebe und sonst gar nichts. Und was dir bleibt, ist zu lieben, und sonst gar nichts.

18. Auch wenn dir dein Schatz wie gewohnt erscheint, ist jeder Tag mit ihm ein neues Glück. Wehre dich nicht dagegen, sondern lasse dich diesmal vom Band der Liebe einschnüren, bis du dich ohne deinen Schatz nicht mehr regen magst.

19. Nach diesem Blick stehst nicht nur du in Flammen. Darum musst du nur die Stunden zählen, bis ihr euch wieder gegenüber steht, um euch kurz darauf selig in die Arme zu fallen.

20. Manchmal geht die Liebe verschlungene Wege. Und so müsst ihr euch erst aus den Augen verlieren, um eure Liebe zu erkennen. Dann aber werdet ihr keine Freunde, sondern ein Paar sein.

21. Damit er sich mit wehenden Fahnen ganz auf deine Seite schlägt, musst du nur einmal ordentlich auf den Tisch schlagen. Tue es sofort, dein Schatz wartet nur darauf, dass du ihm die Entscheidung abnimmst.

Die Antworten für Verbandelte

 **Ein blaues Herz Überzahl**

1. Solange es ihr beide seid, die sich dieses Abenteuer teilen, werdet ihr keine Zeit haben, auf noch bessere Zeiten zu warten. Darum geizt nicht mit euren Freuden.

2. Selbstverständlich liebt er dich, nur solltest du ihm auch einen Schritt entgegenkommen, damit ihr beide aus dem rauhen Alltag zurück zur ersehnten Zweisamkeit findet.

3. Es scheint beinahe so, als wolltest du mit Brief und Siegel, was dir sein Blick verrät. Gehe nicht zu weit, du würdest nur an Glanz verlieren. Traue dir, dann traust du ihm!

4. Er mag zwar schwindeln, doch wirklich lügen tut er nicht. Deshalb solltest du auf seine Worte achten. Es ist der Ton, der die wahre Musik macht.

5. Mache ihm ein kleines Geschenk außer der Reihe, mit dem du seiner Eitelkeit schmeichelst. Gibst du es ihm mit Liebe und doch so nebenbei, wird es ihm schrecklich heiß werden.

6. Offenbarst du dich, wird dir dein Schatz die kalte Schulter zuwenden. Darum lasse dir von ihm deine Schulter wärmen, ehe du ihm sagst, was du ihm von Herzen sagen möchtest.

7. Es ist längst an der Zeit, dass du einmal aus deiner Haut fährst. Also verbirg dein Temperament nicht weiter und zeige deinem Schatz, mit wem er in Zukunft zu rechnen hat.

8. Er kennt die Fäden, an denen du ziehst, damit er sich nach deinem Plan bewegt. Und diese Fäden halten immer noch, darum zwinge nicht, was sich harmonisch fügen will.

9. Belasst es weiter bei den schönen Momenten, offenbart euch eure Seelen und hebt sie in himmlische Höhen, damit sie dort Hochzeit feiern. Die Wüste des Alltags ist noch nicht durchschritten, doch die nächste Oase ist nahe.

10. Es ist an der Zeit, dass ihr euer Reich gegen Freund und Familie verteidigt. Zwar macht ihr euch dadurch unbeliebt, doch gebt ihr euch auch ein Stück Freiheit zurück.

11. Da du weißt, was du dir von ihm erträumen darfst, solltest du deinen Traum seiner Vorstellung anpassen. Ergehst du dich dann in Andeutungen, wird auch er deinen Traum träumen.

12. Der Sturm hat sich zwar gelegt, doch er wird von Mal zu Mal wieder aufleben und eure Gefühle durcheinanderwirbeln. Dann aber wirst du dein Glück im alten Glanz erstrahlen sehen.

13. Es hat sich eingespielt, dass du auf seine Stimmungen achtest, um den Stürmen auszuweichen. Damit aber förderst du gerade jene Eigenschaften, die du so wenig an ihm schätzt. Es ist an der Zeit, dass du den Wind machst und nicht er.

14. Du solltest dir nicht über jeden Blick von ihm Gedanken machen. Wenn dir dein Schatz bislang keine echten Gründe lieferte, wird er dir auch weiterhin keine geben.

15. Als wenn du nicht wüsstest, dass ihm mal wieder Läuse über die Leber laufen. Doch dieses Mal solltest du ihm die Flausen besser austreiben, willst du nicht durch seine Selbstbezogenheit über kurz oder lang vertrieben werden.

16. Die Liebe wird wachsen, doch die Waage, auf der sie gewogen wird, wird dabei aus dem Gleichgewicht geraten. Doch auch als Einbahnstraße verspricht die Liebe noch Freude.

17. Auch wenn du es gelegentlich verneinst, du liebst deinen Schatz heiß und innig. Und da er es liebt, wie du ihn liebst, schließt sich der Kreis zu euerm Wohlgefallen. Tu es dir an!

18. Anstatt nach Auswegen zu fragen, die du nicht betreten wirst, solltest du zum Abbruchhammer greifen. Denn du hast einige Mauern einzureißen, damit die Liebe ihren Platz wieder bei euch findet. Gebt euch um der Liebe willen Raum.

19. Auch wenn du bei dieser Frage nicht an deinen eigentlichen Schatz gedacht hast – nun solltest du an ihn denken, denn er wird es sein, den du danach mit ganz neuen Augen sehen wirst.

20. Da es nicht das erste Mal ist, dass du dir diese Frage stellst, darfst du sie ruhig noch öfter stellen. Doch erst wenn du dessen müde bist, hast du die Chance, es dir mit deinem Schatz so einzurichten, dass sie überflüssig wird.

21. Du darfst fest damit rechnen, dass das Dreieck zerbricht. Nur, wenn es diese Person nicht mehr ist, wird es über kurz oder lang eine andere sein, mit der du ihn teilen musst.

 **Drei blaue Herzen Überzahl**

1. Lässt du dich nur soweit darauf ein, dass du ihm jederzeit Einhalt gebieten kannst, wird dir kein schlechtes Gewissen die Zukunft vermiesen.

2. Da seine Flamme ohne Nahrung ist, solltet ihr beide darüber sprechen, was ihm die Hitze nimmt. Schaust du ihm indes noch länger zu, wirst am Ende du es sein, der das Feuer austritt.

3. So gut müsstest du ihn kennen, dass seine Komplimente nicht ohne Hintergedanken sind. Nur wäre es erstaunlich, wenn du sie auch diesmal nicht schon längst erraten hättest.

4. Vertrauen ist gut, Kontrolle ist besser. Hältst du dich an diese Weisheit, ersparst du dir eine Enttäuschung. Danach aber solltet ihr euch ernsthaft unterhalten.

5. Zerbrich dir nicht unnütz den Kopf, halte dich an das Bewährte und die Gemütlichkeit, damit weckst du, wie du weißt, seine Aufmerksamkeit am ehesten.

6. Serviere ihm deine Wahrheit scheibchenweise, nur so bekommt er Appetit auf mehr und du kannst ihm dein Herz ausschütten. Doch wundere dich nicht, wenn er dann das gleiche tut.

7. Messe dein weiteres Verhalten an dem, was du erreichen willst, und an dem, was du bislang erreicht hast. Je näher du deinem Ziel kommst, um so mehr darfst du dein wahres Gesicht in dieser Angelegenheit zeigen.

8. Am ehesten wird er dir gefällig, wenn du ihm ausreichend Zeit lässt, sich zu sträuben. Schmolle also nicht, sondern warte ab, bis er dir aus freien Stücken folgt.

9. Vertiefe die Genüsse und denke dir neue Freuden aus. Und solange du dabei an deinen Partner denkst, wird deine Beziehung von Mal zu Mal inniger werden.

10. Vielleicht solltet ihr den Spieß umdrehen und euch für die Einmischung der lieben Verwandtschaft entlohnen lassen. Ihr werdet staunen, wie schnell sie sich dann rar macht.

11. Solange du von Sinnenfreuden träumst, die Herz und Gemüt erwärmen, darfst du zufrieden sein. Ansonsten träume sparsam, außer du willst deinen Schatz mal eben ruinieren.

12. Die Liebe wandelt sich zur Gemütlichkeit und die Gemütlichkeit wird zur Behäbigkeit. Es ist also an der Zeit, dass ihr euch eurem Glück zuliebe neue Abwechslungen ausdenkt.

13. Da es ihm nie genügt, wenn es schon längst genug ist, kannst du ihm nie genug geben. Solange du ihm jedoch in Raten gibst, bleibst du ihm ein unversieglicher Quell der Freude.

14. Warum diese Frage? Selbst wenn du deinen Schatz in ein leerstehendes Kloster sperren würdest, wärest du noch voll von Eifersucht. Nicht er ist es, der dir die Gründe liefert, sondern deine Angst davor, es könnte mal geschehen, was nicht geschieht.

15. Belasse deinen Schatz in seiner Seltsamkeit, er geht nur mit einer dicken Überraschung schwanger. Sobald er die Katze aus dem Sack gelassen hat, wird er wieder ganz der Alte sein.

16. Die Liebe ist der Grund, der euer Traumschloss trägt. Und es werden eure Träume sein, die euch vergnügen. Schlaft weiter eng zusammen, damit es auch so bleibt, wie ihr es euch erträumt.

17. Solange das Vergnügen schwerer wiegt als alle Widrigkeiten, gibt es keinen Grund, Ade zu sagen. Die Liebe freilich ist da flüchtiger. Noch bist du verliebt in deinen Schatz.

18. So verwickelt wie du bist, würdest du gar nicht erkennen, dass du noch gefragt bist. Und so stürzt das Haus der Liebe weiter ein, und du lässt dich von ihm lieber begraben, als es zu stützen oder aus ihm zu fliehen.

19. Keine Frage, du wirst ihn wiedersehen, weil du ihn wiedersehen willst; du wirst ihn mit liebeskranken Augen anschauen und wieder dort anfangen, wo ihr nicht aufhören konntet. Und nun frage dich, welcher Schatz gemeint ist.

20. Der Grund, warum du heute diese Frage stellst, wird dir morgen lächerlich erscheinen. Darum denke besser darüber nach, welche Bedingungen du nennen solltest, um ihm übermorgen zu verzeihen.

21. Es wird sich von ihr schneller lösen, als du denkst. Doch die Zweifel werden bleiben und den Neuanfang verschatten. Darum suche die Hilfe eines klugen Ratgebers.

 **Fünf blaue Herzen Überzahl**

1. Das ist kein Abenteuer, sondern ein richtiger Abgrund, an dem du stehst, und du darfst es dir aussuchen, ob du heute oder morgen in ihn stürzt. Je eher du fällst, umso eher mögen sich die Zeiten zum Guten wenden.

2. Du darfst bereits zufrieden sein, wenn es kein Hass ist, der seinen Blick verdunkelt. Jedenfalls besteht derzeit kein Anlass, sich noch tiefer in die Augen zu schauen.

3. Traue ihm nicht, denn er treibt ein falsches Spiel mit dir. Doch lasse es dir nicht anmerken, wenn du wissen willst, wie weit er diesmal gehen wird.

4. Verkehrst du seine Worte in ihr Gegenteil, bist du zwar immer noch nicht bei der Wahrheit angelangt, stehst ihr aber näher als zuvor.

5. Es wäre besser, du würdest ihm den Kopf gerade rücken. Denn solange er ihn in den Wind hält, fliegen ihm nur Flausen zu. Versuche es, womöglich ist dies der richtige Dreh.

6. Willst du reinen Tisch machen, dann gehe nicht nur aus dir heraus, sondern über dich hinaus. Willst du die sorglose Gemütlichkeit, dann bleibe kühl und gehe in aller Stille weiter deine Wege.

7. Klappe dein Visier herunter und verschließe dein Herz. Nur dann bist du in dieser Angelegenheit deinem Schatz ein gleichwertiger Partner – und, wenn es sein muss, auch ein Gegner.

8. Zwischen euch herrscht ein Ziehen und Zerren. Darum solltest du weniger darüber nachdenken, deinen Schatz zu fesseln, als darüber, dich aus den selbstgelegten Fallstricken zu befreien.

9. Wie tief willst du noch sinken, bis du endlich bereit bist, das Heft in die Hand zu nehmen und eine scharfe Klinge zu führen? Entscheidest du dich nicht, entscheidest du dich gegen das Anliegen, das dich zu dieser Frage drängte.

10. Der Zwist kommt zwar von außen, doch bötet ihr ihm keinen Nährboden, könnte er euch auch nicht entzweien. Darum klärt, auf welcher Seite ein jeder von euch beiden steht, ehe ihr euch unversehens auf der falschen Seite wiederfindet.

11. Solange du davon träumst, dass er dir etwas geben könnte, ist noch nichts verloren. Erst wenn es zur Nagelprobe kommt, wird sich zeigen, ob dein Traum nur Schaum war.

12. Es scheint, als ob er gerade dabei ist, deine Zuneigung zu verspielen. Du kannst ihn daran hindern. Doch halte ihn nur zurück, wenn es dir bei diesem Gedanken warm ums Herz wird.

13. Du fragst nach seinen guten Eigenschaften und denkst an seine schlechten. Dabei wäre es besser für dich, wenn du dich weder um die einen noch um die anderen sorgtest, sondern dich allein um dich und deine Wünsche kümmern würdest.

14. Frage nicht nach Dingen, die dich bedrücken könnten und die es nicht wert sind, darüber zu weinen. Frage besser nach dem, was er dir gibt, und richte danach dein Handeln aus.

15. Eine ungute Zeit steht euch bevor. Darum locke den Drachen aus seiner Höhle und lasse ihn nicht weiter schmoren. Schließlich sollt ihr beide für euch klären, woran ihr seid.

16. Verletzte Herzen bluten. Schließt sich die Wunde, gibt es Narben, und die Narben werden hart. Harte Herzen aber sind kalte Herzen. Jeder Streich, den ihr gegeneinander führt, ist darum ein Streich zu viel.

17. Das tust du dir nicht aus Liebe an, sondern aus Bequemlichkeit. Doch was dir so bequem erscheint, ist in Wirklichkeit ein hartes Brot. Dabei gibt es genügend komfortable Wege, die du beschreiten könntest.

18. Das Ganze ist nur noch eine schlechte Angewohnheit, die du schleunigst ablegen solltest. Bleibe danach eine Zeit alleine. Andernfalls würdest du die Verwirrungen nur in anderer Mischung erneut durchleben.

19. Er wird dich suchen und du wirst dich vor ihm nicht verstecken können. Doch wenn er dich gefunden hat, wirst du es sein, der voll Liebeskummer zurück bleibt.

20. Du wirst es sein, der den Schwarzen Peter zieht und zurück bleibt. Doch lasse dich nicht verleiten, ihm einen Stein hinterher zu werfen; es wäre nur noch eine größere Niederlage.

21. Solange du dich nicht aus diesem Dreieck löst, wirst du auf Dauer im Dreieck springen. Von ihm darfst du dir jedenfalls keine Lösung erwarten.

 Sieben blaue Herzen

1. Willst du dir den Appetit verderben, so tue, wozu es dich drängt. Belässt du es indes beim Träumen, holst du dir den Appetit für bessere Zeiten mit deinem Schatz.

2. Wie viel Liebesbeweise willst du noch? Wenn du seine Liebe nicht erkennen willst, solltest du dich besser fragen, warum du ihr gegenüber so unempfindlich bist.

3. Schön, er spielt mit dir. Aber spielst du mit ihm nicht auch in gleicher Weise? Also spiele das Spiel mit. Und sofern du auch verlieren kannst, werdet ihr beide euren Spaß daran haben.

4. Statt auf seine Worte zu vertrauen, solltest du ihn an seinen Taten messen. Dann aber musst du dir gefallen lassen, dass der gleiche Maßstab auch für dich gilt.

5. Denke nicht darüber nach, woran du drehen könntest. Ermuntere ihn vielmehr, dich zu umwerben. Schließlich würde er an deiner Stelle dieselbe Frage an das Orakel richten.

6. Warum versuchst du zu taktieren, wenn ein offenes Wort die Angelegenheit problemlos aus der Welt schaffen könnte? Oder liebst du die Scharade nur deswegen, weil du dir in dieser Sache selbst ein Rätsel bist?

7. Ihr versteckt euch beide hinter schönen Masken. Lasst es deshalb endlich Mitternacht werden. Mit dem Tusch dürft ihr euch angenehm überraschen und eure Liebe frisch befeuern.

8. Da er sich die gleiche Frage stellt, solltest du mit ihm darüber feilschen. Seid ihr euch schließlich handelseinig, werdet ihr zu eurem Vergnügen gemeinsam am gleichen Strang ziehen.

9. Statt über deine Beziehung nachzudenken, solltest du dich auf deinen Alltag besinnen. Denn es ist das Alltägliche, das so ungeordnet die schönen Momente eurer Zweisamkeit verschattet.

10. Ihr seid selbst schuld, wenn euch die Eurigen auf die Nerven gehen. Sprecht offen an, was euch stört, und man wird sich danach richten, ohne euch darüber Gram zu sein.

11. Du solltest weniger träumen und mehr fordern. Denn nur wenn du ihm erklärst, was du von ihm erwartest, gibst du ihm

eine Chance, dir entgegenzukommen. Jedenfalls wird er die gebotene Chance gerne nutzen wollen.

12. Der Himmel wird nicht mehr einstürzen, wenn er dich in seinen Armen hält. Dafür aber wird dich ein leises Glück erfassen, das dir die Seele wärmt und deinen Durst stillt.

13. Erkläre ihm nicht die Welt, sondern deine Gefühle. Das allein ist die Seite, von der er sich nehmen lässt. Fühlt er mit dir mit, darfst du dich auch auf seine Liebe und sein Verständnis verlassen.

14. Was ist daran so schlimm, dass deinen Schatz auch andere Menschen schätzen? Das macht ihn nur noch wertvoller, vor allem deswegen, weil du ihn gewiss mit keinem anderen teilen musst.

15. Schleicht dein Schatz schon wie die Katze um den heißen Brei herum, solltest du dich ein wenig genießbarer zeigen, damit er sich an das wagen kann, was er mit dir vorhat.

16. Diese Liebe will gepflegt sein, damit sie nicht verkümmert. Darum gebt eurer Liebe Zucker und vergesst die zarten Rituale nicht, um eure Herzen warm zu halten.

17. Finde es heraus und buche für euch eine Reise auf die Insel, damit ihr euch von eurer liebenswerten Seite zeigen könnt. Sobald ihr zurück kommt, wisst ihr, was ihr nicht mehr vernachlässigen solltet.

18. Hoffe nicht, dass du in einem anderen Arm vergessen kannst. Die Kluft, in die die Liebe stürzen würde, wäre nur noch tiefer. Noch könnt ihr eine Brücke zueinander schlagen, denn allein der Versuch, sich zu versöhnen, ist bereits Versöhnung.

19. Besser du vergisst dein Techtelmechtel und bewahrst eine schöne Erinnerung. Denn mit einem Wiedersehen kämen auch all die Probleme auf dich zu, die du jetzt gottlob noch nicht hast.

20. Ihr seid längst Freunde geworden, und es ist nur pure Bequemlichkeit, dass ihr noch nicht auseinander seid. Gleichwohl wird es den Zurückbleibenden verletzen, sobald euch eine neue Liebe wirklich trennt.

21. Ein neuer Anfang ist möglich, sofern du ihn rasch erzwingst. Denn je länger du zusiehst, um so weiter entfernst du dich, und wirst am Ende keinen Grund mehr haben, ihm zu verzeihen.

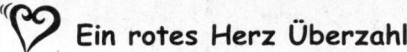# Ein rotes Herz Überzahl

1. Sofern du die Zeiten für schlecht hältst, solltest du nicht auf bessere warten, sondern heute damit beginnen, sie für euch zum Besseren hin zu wenden.

2. Er liebt dich so, wie du ihn liebst. Und wenn dir das zu wenig ist, ist es an der Zeit, dass ihr euch beide an die kleinen Rituale erinnert, die eure Liebe einst belebten.

3. Da er dir für gewöhnlich nicht uneigennützig schmeichelt, wirst du diesmal aus allen Wolken fallen. Er will dir diesmal etwas geben, ohne dir etwas nehmen zu wollen; das aber wird dich mehr verwirren, als es dir schmeichelt.

4. Willst du, dass die Lügen schwinden, so traue seinen Worten und vertraue somit ihm. Dies allein ist der Schlüssel, der es euch erlaubt, wieder eine gemeinsame Basis zu finden.

5. Gib dich kalt und abweisend, sage ihm vergnügt, dass er dir schnuppe ist, und er wird eifern und rasen, um dir wieder gefällig zu sein.

6. Es ist an der Zeit, ein offenes und ehrliches Wort zu sprechen. Doch es ist nicht die Zeit, deine innersten Gefühle zu offenbaren. Zu groß ist deine Sorge, verletzt zu werden; diese Sorge aber könnte das Messer sein, das dich verletzt.

7. Willst du deinen Schatz enttäuschen, musst du dich nur so geben, wie du bist. Ahnt er doch längst, was sich hinter deiner Maske verbirgt. Darum lasse ihm die Illusion, er wüsste mehr.

8. Du weißt, wie du ihm schmeicheln kannst. Sofern du aber auf deine Art, ihn umzustimmen, nicht vertraust, so traust du auch deinen Wünschen nicht und solltest sie noch reifen lassen.

9. Willst du das Blatt wenden, so fordere mehr Aufmerksamkeit von deinem Schatz. Allerdings musst du dann auch bereit sein, wieder zum Brennpunkt seines Eifers zu werden.

10. Solange sich Nutz und Unbill einander die Waage halten, ist der verwandtschaftliche Reigen noch kein Gewinn. Gebt euch also bauernschlau und seht zu, dass sich die Waage in die richtige Richtung neigt.

11. Vergiss deine Träume. Solange du ihn so siehst, wie du ihn kennst, wird er sich nicht in deine Träume mischen.

12. Gelingt es euch nicht, zwischen Alltag und Zweisamkeit zu trennen, wird es still zwischen euch werden und euer Glück wird verblassen. Die Kraft der Wandlung liegt in euren Herzen!

13. Je mehr du auf ihn achtest, umso weniger wirst du mit ihm zufrieden sein, denn dein Schatz kann ein rechter Tyrann sein. Doch ohne Untertan wird auch dein Tyrann zum kleinen Licht.

14. Um seine Treue musst du dich nicht sorgen. Doch bedenklich sollte dich stimmen, dass er meist nur dann zum Essen kommt, wenn er sich den Appetit woanders geholt hat. Vielleicht solltet ihr einmal über reizendere Themen plaudern.

15. Er will dich mal wieder mit seinen Liebesschwüren und Eifersuchtsattacken bedrängen. Male ihm darum die Gespenster plastisch an die Wand, damit er endlich kleinlaut wird.

16. Falls du glaubst, du wirst nicht genug geliebt, liebst auch du nicht mit ganzem Herzen. Doch was das Herz nicht gibt, mag der Geist noch binden. Und genau darin liegt eure zweite Chance.

17. Suchst du die Liebe in der Nacht, tappst du in der Dunkelheit. Es ist der Alltag, der euch verbindet und in dem eure Liebe wächst. Verbergt sie nicht, sondern lasst sie von der Sonne bescheinen, damit sie euch erhellt.

18. Ihr habt zwar euren Sündenbock, doch nicht eure Gewohnheit verloren, eure Probleme auf ihm abzuladen. Und so sucht ihr in euch Ersatz, anstatt die Chance zu nutzen, euch unter veränderten Vorzeichen neu zu entdecken. Dies zu nützen wäre Liebe!

19. Du weißt, wie du ihn wiedersehen könntest, und du wirst so lange mit dem Gedanken spielen, bis eine Begegnung nur noch peinlich wäre. Dann aber könnte zumindest diese Peinlichkeit geschehen.

20. Freunde werdet ihr nur sein, sofern du ihn verlässt. Denn lieber geht er mit diesem Kummer um als mit dem Schuldgefühl, er hätte dich verlassen. Und somit darfst du es dir aussuchen, was du ihm antun willst.

21. Ist er denn noch dein Schatz, oder ist er in deinen Augen nicht längst zum dummen August geworden? Darum überlege es dir gut, was du willst. Jedenfalls ist es nicht sehr lustig, mit einem dummen August sein Leben zu teilen.

ᶜᵛᵛᵛᵛᶜᵛ Drei rote Herzen Überzahl

1. Koste und schweige. Es werden dir nicht allzu viel Gelegenheiten geboten, um zu naschen, woran du nicht naschen darfst.

2. Welche Frage treibt dich um? Siehst du nicht, dass es die pure Leidenschaft ist, die ihn umtreibt? Also lasse dich mit ihm treiben und stelle keine weiteren unsinnigen Fragen.

3. Da du ohnehin sein ein und alles bist, darfst du davon ausgehen, dass er nicht grundlos säuselt. Allerdings steht dahinter keine kalte, sondern eine sehr liebevolle Berechnung. Lasse dich überraschen!

4. Außer euch beiden weiß niemand, wer er wirklich ist. Nur weiß er nicht, dass du dies weißt. Darum schenke ihm dein Vertrauen, damit auch er dir vertrauen kann. Ihr werdet darauf ein unschlagbares Paar sein.

5. Mit Speck fängt man Mäuse. Doch deine Maus scheint ziemlich übersättigt. Darum lasse sie erst eine Weile hungern, ehe du versuchst, sie erneut mit Speck zu locken.

6. Sehe es sportlich. Bewahre dein kleines Geheimnis und warte auf die Gelegenheit, in der du es zu deinem Vorteil anbringen kannst. Allerdings hält dein Schatz auch etwas in petto.

7. Ihr habt es nicht nötig, euch zu verstellen. Und doch ist es ein schönes Spiel, wenn ihr in andere Rollen schlüpft. Allerdings solltet ihr die Rollen öfter wechseln, um einander weiterhin rätselhaft zu bleiben.

8. Stelle es vergnüglich an. Lässt du dich nämlich von deiner Lust und Laune lenken, lenkst du ihn am ehesten, schließlich ist dein Vergnügen auch das seinige.

9. Sieh, die schönen Momente, die ihr euch schenkt, nähren sich aus euren Herzen. Ohne Leidenschaft und Tiefe aber wird auch die Kraft der Herzen flach und das Schöne wird verblassen.

10. Ihr müsst euch eurer Freunde wegen nicht verlieren. Ihr wäret ihnen nämlich sogar noch etwas lieber, wenn ihr euch für euch selbst etwas mehr Zeit nehmen würdet.

11. Solange du nicht zu bescheiden träumst, hast du gute Aussichten, dass er dir folgt. Schließlich will er klotzen und nicht kleckern, wenn es darum geht, dir gefällig zu sein.

12. Sofern es dir gelingt, ein Laster zu finden, das du mit ihm teilen kannst, ohne euch zu ruinieren, wird der Kitt zwischen euch so fest werden, dass das Glück nicht mehr entweichen kann.

13. Willst du ihn im Zaume halten, solltest du dich und deine Wünsche zügeln. Denn was du für maßlos hältst, ist für ihn nur ein Vorgeschmack auf mehr. – Achte auf eure Ausgaben!

14. Dein Schatz weiß, dass das steigende Vergnügen aneinander nur die Treue garantiert. Und falls das Vergnügen gerade abflaut, ist dies kein Grund zur Eifersucht, sondern nur eine Kunstpause zu neuen Höhenflügen.

15. Offensichtlich glaubt er, das Feuer wäre am Erlöschen. Da du es freilich besser weißt, darfst du ihn mit einem exquisiten Vergnügen von seinen unbegründeten Sorgen befreien.

16. Könnt ihr euch beide vorstellen, gemeinsam alt zu werden, so wisst ihr, dass ihr euch heute liebt. Doch was ist ein Wissen wert, das man nicht teilt? Also sprecht die Zauberworte und lasst die Liebe leben.

17. Du bist verliebt und liebst deinen Schatz. Und du wirst dir das eine wie das andere antun und dabei glücklich und zufrieden sein. Was also soll dich da noch sorgen?

18. Willst du vom Regen in die Traufe wechseln, musst du dich nur in andere Arme stürzen. Wenn du schon ausbrechen willst, so tue es. Lass dir den frischen Wind um die Nase wehen, doch achte darauf, dass du nachts alleine schläfst.

19. Wünschst du dir, deinen eigentlichen Schatz zu verlassen, dann wünsche dir, dass dieser Schatz wieder deine Wege kreuzt. Geschieht es, hast du allen Grund, über deinen ersten Wunsch ernsthaft nachzudenken.

20. Sieh es nicht so eng. Ihr habt eine schöne Zeit gehabt und auch das Ende war nicht ohne. Also feiert den Abschied, so wie ihr den Anfang gefeiert habt. Und wenn ihr Pech habt, wird euch aller Tage Abend zum neuen Anfang werden.

21. Statt dich über deinen Schatz zu ärgern, solltest du dich besser um dich und dein Gefühlsleben sorgen. Darum vergelte ihm Gleiches mit Gleichen, und du wirst zugleich den Ausweg aus diesem Dilemma finden.

♡♡♡♡♡ Fünf rote Herzen Überzahl

1. Lässt du dich auf dieses Abenteuer ein, wirst du danach von einem Desaster sprechen. Lässt du es passieren und hegst deine Zweifel, erkennst du womöglich, was dir nicht mehr nahe ist.

2. Auch wenn der Wind etwas rauher bläst, ist dies kein Grund, an seiner Zuneigung zu zweifeln. Anstatt dich in den Sturm zu stellen, solltest du besser an einem lauschigeren Ort auf besseres Wetter warten.

3. Du hast allen Grund, ärgerlich zu sein, denn anstatt dir erst Honig ums Maul zu schmieren, hätte er besser die Reihenfolge verkehren und dir die bittere Wahrheit zuerst servieren sollen.

4. Ihr habt beide keinen Grund, mit dem Finger aufeinander zu zeigen. Darum belasse ihm seine kleinen Lügen, damit auch du zur rechten Zeit unbeschwert schwindeln kannst.

5. Gib ihm so viel Zeit für sich, wie er will. Es wird darauf nicht all zu lange dauern, bis er sich dir zuwendet, um dir die Zeit zu stehlen. Zeigst du dich dafür dankbar, wird er sein Glück wieder einmal nicht fassen können.

6. Alles spricht dagegen, dich zu offenbaren, und doch solltest du es tun, sofern du Bewegung in eure Zweisamkeit bringen willst. Darum trete hervor und bringe die Lawine ins Rollen.

7. Halte dich vorerst zurück und lasse dir nichts anmerken. Erst wenn sich dein Schatz aus seinem Versteck herauswagt, darfst auch du deine Zurückhaltung aufgeben.

8. Willst du die Leine aus der Hand geben, dann solltest du argumentieren. Willst du hingegen bei deinem Schatz etwas erreichen, solltest du es dir diesmal erschmollen.

9. Gibt es die schönen Momente noch, oder sind sie nur Erinnerung? Gibt es sie, gibt es auch einen Weg zueinander. Gibt es sie nicht mehr, bleibt auch der Weg verbaut.

10. Was die Familien angeht, so solltet ihr euch etwas mehr abnabeln. Es genügt, wenn ihr euch zu Hochzeiten und Taufen blicken lasst, um miteinander vorzüglich auszukommen.

11. Er könnte es, doch bewegt er sich nicht von selbst. Solange du dir also von ihm nicht holst, was du dir wünschst, darfst du von ihm auch nichts erwarten.

12. Über Langeweile wirst du kaum zu klagen haben. Allerdings wird dir die Art der Abwechslung immer öfter nicht gefallen, da sie das Glück verschattet. Und so steht es an, dass du deinen Schatz auf ruhigere Bahnen lenkst.

13. Lass ihn jammern, wenn er jammern will; solange er nichts ändert, wird es beim Jammern bleiben. Das gleiche gilt für seine Träume. Nur dort, wo er festen Boden unter den Füßen hat, darfst du ihm folgen, solange es dir noch gefällt.

14. Hast du keinen Grund zur Eifersucht, hast du entweder ein weites Herz oder Verständnis aus eigener Erfahrung, oder du verschließt ganz einfach die Augen vor dem Offensichtlichen.

15. Das Gespenst sind die alltäglichen Sorgen, die eure Gefühle wie Mehltau bedecken. Und da sie sich nicht wie Geister austreiben lassen, wird die Liebe lau und lauer werden.

16. Es ist Liebe – auch wenn man meinen könnte, es wäre Feindesliebe. Und so kennst du die Schatten, ohne zu wissen, dass sie vom Licht der Liebe geschlagen werden.

17. Dein Schatz ist ein Griesgram und du bist des Griesgrams Liebchen. In dieser Weise versteht ihr es, euch gut zu unterhalten, auch wenn du dir manches Mal was anderes wünschst. Wünsche es dir, damit es endlich wahr werden kann!

18. Was schert dich Liebe oder Gewohnheit, wo es November für die Liebe ist und du dich nach der Sonne sehnst? Also wirst du dich auf die Sonnenbank legen und den kommenden Winter mit sonnigen Illusionen überstehen.

19. Die Frage ist, ob du ihn wiedersehen willst, um fortzuführen, womit du angefangen hast, oder ob du dir hierzu nicht angenehmere Ziele suchst. Denn das eine ist möglich, und das andere scheint lohnenswerter.

20. Wenn dir daran liegt, dass ihr Freunde bleibt, so könnt ihr euch arrangieren, um nebeneinander herzuleben. Habt ihr das geschafft, dann könnt ihr euch schließlich auch in aller Freundschaft trennen.

21. Große Freude wirst du kaum empfinden, wenn sich dein Schatz wieder dir allein zuwendet. Denn die geschlagene Wunde wird nur langsam heilen, und statt der anderen Person wirst du nun die Erinnerung an sie zu teilen haben.

♡♡♡♡♡♡♡ Sieben rote Herzen

1. Hast du bei dieser Frage an deinen wahren Schatz gedacht, musst du nicht auf bessere Zeiten hoffen, sie haben längst begonnen. Das Abenteuer eurer Liebe wird weitere Blüten treiben und ihr Duft eure Sinne verzaubern.

2. So schön kann nur die Liebe sein, dass du so unersättlich nach ihr gierst. Du weißt, er liebt dich mit Leib und Seele, und du weißt, dass sich das nicht ändern wird. Seid weiterhin sehr sorgsam mit diesem seltenen Glück!

3. Du bist und bleibst der Traum seiner Träume. Und da er gerade aus seiner Verschlafenheit erwachte, muss er dir von diesem Traum erzählen. Küsse ihn dafür!

4. Deine Frage wirft den Schatten deiner Gedanken auf dich zurück. Er ist so ehrlich, wie du es nicht glauben willst. Und der Schein ist so herrlich, wie du ihn dir wünschst.

5. Noch ein Dreh, und er wird seinen Kopf gänzlich verlieren. Willst du dies, musst du nur eines eurer vergessenen Rituale neu beleben und um eine kleine, aber feine Variante bereichern.

6. Bist du mutig und schweigsam, lässt du einen himmlischen Augenblick ungeküsst verstreichen. Danach darfst du dir dein Geheimnis mit tausend Küssen über die Lippen locken lassen.

7. Hast du etwas zu verbergen, so gib dich, wie du bist. Willst du, dass dein Verborgenes von deinem Schatz entdeckt wird, so halte dir eine Maske vor. Das ist die Scharade der Liebe.

8. Da dir ohnehin beinahe jeder Wunsch von den Lippen abgelesen wird, solltest du diesmal deine Lippen verstecken und dich ausfragen lassen, damit du ihn dorthin lenken kannst, wo du ihn haben willst.

9. Deine Zweisamkeit soll also noch inniger und ihre Freuden noch köstlicher werden? Nun, so höre: Bleibst du weiterhin so maßlos, wird sich der Glanz in deinen Augen bald verlieren.

10. Keine Sorge, es wird so schön bleiben, wie es ist. Die Familie wie die Freunde halten weiter zu euch, und ihr werdet gerne in deren Kreis zurückkehren. Ein großes Fest steht an!

11. Wie oft willst du dir deinen Schatz neu backen? Gibt er dir nicht alles, was du dir ersehnst? Warum also willst du ihn mit

neuen Wünschen verwirren und beschränken? Sieh, was du hast, dann weißt du, was er dir gibt!

12. Keine Angst, du wirst dich zwar weiter um dein Glück sorgen, dafür aber wird es dir so treu sein wie dein Schatz und ebenso wie er nicht von deiner Seite weichen.

13. Solange die Grenzen zwischen euch fließend bleiben, habt ihr auch in Zukunft Anlass, euch über euch zu wundern. Von daher können auch seine dunklen Seiten ins Helle gleiten. Sei gespannt, ihr bleibt im Wandel!

14. Eine kecke Frage, wenn man so glücklich ist wie du. Dein Schatz ist dir so treu wie Gold. Doch solltest du das Orakel nicht necken, sofern es dir weiter wohlgesonnen bleiben soll!

15. Er will dir sagen, dass er dich liebt! Darum solltest du mehr in dein Herz als deinem Verstande lauschen. Denn dein Herz hat keine Bange, dass das Glück euch verlassen könnte.

16. Wahre Liebe wächst nicht, sondern wandelt sich zum Liebesglück. Es ist der warme Quell des Lebens. Du lagerst mit deinem Schatz an dieser Quelle, und ihr erquickt euch am sprudelnden Glück. Lache und jubiliere!

17. Nach all der Zeit und all den Turbulenzen solltest du dir diese Frage nicht mehr stellen. Es ist die Liebe, die dich fesselt und die selbst schlechte Zeiten noch golden scheinen lässt. Küsse deinen Schatz und flüstere die Zauberworte!

18. Wenn die Liebe so Gewohnheit ist, dass du sie nicht mehr bemerkst, dann solltest du in der Tat ein wenig fasten. Freilich solltest du dich hierbei nicht der Liebe als vielmehr der Gewohnheit enthalten.

19. Wenn du kannst, verbirg dich, damit dein Wunsch nicht in Erfüllung geht. Denn lässt du dich auf eine weitere Begegnung ein, beschwörst du Himmel und Hölle gleichzeitig herbei.

20. Lege dich wieder zu deinem Schatz und du wirst merken, dass alles nur ein böser Traum war. Und ihr werdet alles tun, dass du diesen Traum nicht noch einmal träumen musst.

21. Entlocke ihm keine Versprechungen. Nur an das, was er dir aus freien Stücken verspricht, darfst du glauben. Wenn ihr die Vergangenheit begraben könnt, habt ihr einen guten Grund für einen neuen Anfang gefunden.

Das große Liebesorakel

Wie steht es um meine Liebe? Werde ich noch begehrt? Liebe ich die Falsche oder den Richtigen? Wer liebt, hat stets eine Frage an die Liebe, und wenn es nur die immer wieder neugestellte Frage an seinen Schatz ist: »Liebst du mich?« Das hier vorgestellte große Liebesorakel mag zwar auf letztere Frage keine Antwort geben, was jedoch kein Manko ist, da wir sie ohnehin nur aus dem Munde des Geliebten hören wollen; dafür aber liefert es mit seinen Sprüchen auf alle anderen Fragen rund um die Liebe ausführliche Antworten. Diese Antworten sind, wie es einem großen Orakel eigen ist, vornehmlich bildhaft gefasst und erfordern daher ein gewisses Maß an intuitiver Deutung. Wobei es in der Hauptsache zweifelsohne die gestellte Frage ist, an der sich Ihre Deutung orientiert. Gleichzeitig will der geloste Spruch auch ein Stein des Anstoßes sein. Nehmen Sie ihn auf und tragen Sie ihn mit sich, werden sich an ihm Ihre Ahnungen, Hoffnungen, Wünsche und Gedanken brechen. Dies erlaubt Ihnen, die Antwort zu drehen und zu wenden, bis Sie sie wie durch ein Kaleidoskop in vielfachen Facetten sehen, die sich wiederum zu einem Bild verfestigen. Dieses Bild, das Sie mal vor Ihrem geistigen Auge sehen, mal als Stimmungsbild erleben dürfen, stellt letztlich die eigentliche Losung dar, die Ihnen das Orakel zureicht. Deuten Sie darauf dieses Bild, geben Sie Ihren Ahnungen wie Ihrem gegenwärtigen Empfinden und der schicksalhaften Entwicklung eine gültige Gestalt und erlangen so ein tieferes Verständnis für Ihre anfängliche Frage und die sich aus ihr abzeichnenden Möglichkeiten und Forderungen.

Auch die Sprüche des großen Liebesorakels werden aus zwei Aspekten heraus vorgetragen, es sind dies die Absätze: »Anbandeln« und »Verbandelt«. Die Absätze »Anbandeln« richten sich an Personen auf Freiersfüßen und gerade frisch Verliebte ebenso wie an jene meist unglücklich Verliebte, die ihren Schwarm noch aus der Ferne anschmachten. Die Absätze »Verbandelt« richten sich demgegenüber an solche Personen, die ihre Zweisamkeit bereits eine überschaubare Zeit miteinander pflegen. Zudem kann das große Liebesorakel sowohl von einer einzelnen Person als auch von einem Paar gemeinsam befragt werden.

Dessen ungeachtet bilden beide Sprüche durchaus auch eine Einheit, die eine Frage zur Liebe in einem größeren Zusammenhang beantwortet. So mögen frisch Verliebte im weiterführenden Spruch eine Tendenz für ihre fernere Zukunft erkennen, während ein Paar im vorangestellten Spruch einen Rückblick auf den Grund seiner Liebe sehen mag. Auch bei grundsätzlichen Liebesfragen wie etwa »Wie halte ich es mit der Liebe?« liefern beide Sprüche gemeinsam betrachtet ein umfassendes Bild. Und da sich die Sprüche in solcher Art verbinden lassen beziehungsweise ineinander greifen, liegt es nahe, dieses Orakel nicht nur für sich zu befragen, sondern auch in verschiedenen Angelegenheiten das Empfinden und die Möglichkeiten des Partners in seine Betrachtungen mit einzubeziehen, indem man für ihn das Los in Abwesenheit befragt. Allerdings sollten Sie solche Befragungen nur spärlich anwenden, da es nur in wenigen Fällen gelingt, die losentscheidende Stimmung des Partners auch mit in den Losungswurf zu geben. Denn in den meisten Fällen und insbesondere, wenn es um die Liebe geht, ist und bleibt es eben doch die eigene Energie, die wir in eine Losung geben.

Die Regeln für das große Liebesorakel

Wollen Sie das große Liebesorakel befragen, so ziehen Sie sich an einen ruhigen Ort zurück, an dem Sie sich wohl fühlen und für gewöhnlich auch Kraft schöpfen können. Legen Sie die sieben Herzen, mit denen Sie losen werden, zu einem Kreis aus. Legen Sie dazu ein rotes Herz als Kreismitte aus und gruppieren Sie die restlichen sechs Herzen in wechselnden Farben darum. Betrachten Sie den Kreis der Herzen und bedenken Sie Ihre Frage. Haben Sie Ihre Frage formuliert, nehmen Sie die sieben Herzen auf und verschließen sie mit beiden Händen. Schütteln Sie darauf die Herzen in Ihren hohlen Händen und sprechen Sie Ihre Frage laut aus. Anschließend werfen Sie die Herzen vor sich auf den Tisch oder auf ein vor sich ausgebreitetes Tuch, wobei Sie hierzu stets ein der Liebe angemessenes rotes Tuch verwenden sollten.

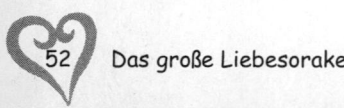

Schließen Sie mit dem Auswerfen der Herzen Ihre Augen. Denn sobald die sieben Herzen gefallen sind, legen Sie sich mit geschlossenen Augen das Orakel. Ertasten Sie hierzu die gefallenen Herzen und schieben Sie sie vor sich zu einer Reihe zusammen. Denken Sie dabei weiter intensiv an Ihre Frage. Sobald Sie die Reihe der sieben Herzen vor sich liegen haben, dürfen Sie Ihre Augen wieder öffnen. Sie sehen jetzt die Herzreihe vor sich, die Sie auf den von Ihnen gelosten Spruch lenkt. Haben Sie beispielsweise folgende Herzreihe vor sich liegen:

schlagen Sie den Spruch im Abschnitt »Rot« auf Seite 107 auf. Die rasche Auffindung des passenden Spruches erleichtert Ihnen der Index am Ende des Buches, der sämtliche 128 Losungsmöglichkeiten mit Seitenverweisen auflistet. Wobei für die Herzabbildungen im Buch durchgängig gilt:

Ein im Druck schwarz gefülltes Herz steht für ein blaues Herz Ihres Wurfes, während ein weißes Herz ein rotes Herz aus Ihrem Wurf abbildet.

Sofern Sie das Orakel schon besser kennen, lässt sich der geloste Spruch auch durch rasches Blättern mühelos aufschlagen. Die Sprüche des Orakels wurden nämlich in 16 unterschiedliche Temperamente zu je acht Sprüchen zusammengefasst. Die 16 Temperamente werden durch die ersten vier Herzen einer Orakelreihe aufgezeigt und bilden jeweils ein Kapitel. Nachstehend sehen Sie im Überblick die einzelnen Temperamente samt der ihnen zugewiesenen Herzreihen:

= Gold

= Sonne

= Weiß

= Stille

= Grün

= Gras

♥♥♥♥	=	Rot
♥♥♥♥	=	Feuer
♥♥♥♥	=	Silber
♥♥♥♥	=	Mond
♥♥♥♥	=	Wind
♥♥♥♥	=	Purpur
♥♥♥♥	=	Sand
♥♥♥♥	=	Gelb
♥♥♥♥	=	Blau
♥♥♥♥	=	Himmel

Neben der hier beschriebenen Losung besteht auch die Möglichkeit, dass Sie sich dem Losungsspruch schrittweise annähern. Diese Art der Losung entspricht einem »gelenkten Orakel« und ist am Ende des Buches vor dem Index auf Seite 183 beschrieben.

Gold

Anbandeln: Amor blinzelt dir zu. Ein kleiner Wink von dir und sein Pfeil wird dein Herz treffen. Spielst du sein Spiel mit und erwiderst den Blick, werden eure Herzen entflammen. Das Feuer der Liebe wird zum Feuersturm anwachsen und euch wie Pech und Schwefel zusammenschweißen. Doch glaube nicht, dass dies ein Spiel in bekannten Dimensionen sein wird. Vergiss darum, was bislang war, etwas Unvergleichliches wird geschehen. Glaube auch nicht, dass dies ein Spiel von Geben und Nehmen sein wird, denn du wirst nicht nur der Beschenkte sein, sondern auch der Kelch, aus dem ein Dürstender trinkt. Seine Liebe aber wird die Rebe sein, aus der du stets aufs Neue jungen Wein kelterst. Nicht anders wird es für deinen Gespielen sein, denn er wird dir zum Kelch, den du ein ums andere Mal zur Neige leerst. Euer Durst wird nicht nachlassen und die Reben nicht aufhören zu reifen, denn ihr bleibt ihnen der wärmende Sonnenschein.

Verbandelt: Du findest die Zeit, aus dem Himmel der Liebe herab zu steigen, um das Orakel zu befragen, doch es schickt dich gleich wieder zurück auf die Wolke deines Glücks. Nein, sorge dich nicht, sie wird nicht abregnen, sondern dir weiterhin ein Garten sein, in dem für dich die schönsten Blumen der Liebe blühen. Ihr Duft wird dich weiter betören und du wirst deine Frage, die dich hierher führte, vergessen, denn die Wirklichkeit deiner Beziehung ist herrlicher als jede Prophezeiung. Nur wäge sie nicht, um Gleiches mit Gleichem zu entlohnen. Genieße dein Glück, liebe und sei glücklich, dass du geliebt wirst. Denn indem du dein Glück aufnimmst, teilst du es aus. Dein Glück ist deinem Liebsten Nahrung. Und so wird eure Liebe mit jedem Morgen frisch wie am ersten Tag erblühen und dich ein ums andere Mal überwältigen. Bleibe überwältigt!

Gold

Anbandeln: Bist du in diesem Spiel Jäger oder Beute? Denke darüber nicht zu lange nach, denn das Spiel ist bereits in vollem Gang. Als Jäger bestimmst du das Tempo, als Beute gibst du die Richtung vor. Willst du Jäger sein, musst du die Jagd beherrschen, andernfalls wird dich deine Beute verschlingen. Denn diese Liebe ist das Spiel der Beute. Sie allein darf sich den Regeln widersetzen, und sie wird es zur Genüge tun. Und dies ist das Spiel einer Liebe, die immer wieder erobert sein will. Sie strebt nicht nach Harmonie, sondern nach vollkommener Erfüllung. Und da jede Erfüllung sich nie selbst genügt, wird es ein furioses Spiel werden, in dem erstürmte Gipfel zu Niederungen werden und sich dunkle Tiefen in lichte Höhen wandeln. Es wird kein Liebesspiel, sondern ein Spiel der Leidenschaften sein. Also leide für diese Liebe, auf dass sie dich in ihren siebten Himmel hebt, egal ob als Jäger oder Beute.

Verbandelt: Der Fluss, in dem du schwimmst, wird sein Wasser nicht wechseln. Stellst du deine Frage bei Sonnenschein, wird dir die Sonne noch heller scheinen. Fragst du indes bei trübem Wetter, wird es noch trüber werden. Denn noch hast du weder Gipfel noch Talsohle erreicht. Doch selbst im trüben Licht bleibst du noch vom Glück beschienen. Ist es doch so, dass jede Wunde, die ihr euch schlagt, vom anderen mit Liebe versorgt wird. Also werden euch die Abgründe zum Grund, in dem ihr gemeinsam Wurzeln schlagt, um dem Himmel der Liebe weiter entgegen zu wachsen. Das Glück dieser Liebe ist das Glück der Forderung. Und solange ihr euch gegenseitig fordert, werden selbst aus altem Holz noch neue Triebe wachsen. Und solange ihr noch Ecken und Kanten habt, an denen ihr euch funkensprühend reiben könnt, müsst ihr euch um die nötige Hitze nicht sorgen.

Gold

Anbandeln: Fliehe diese Gelegenheit, wenn du dich nicht binden willst, denn diese Liebe könnte dich verzehren. Doch bedenke, eine solche Gelegenheit bietet dir das Schicksal nicht alle Tage. Da dir mit diesem Schatz auch nichts Alltägliches geboten wird, darfst du dich gleichfalls nicht alltäglich geben. Vertausche daher dein Temperament und schlüpfe für den Anfang in die entgegengesetzte Rolle. Sie erlaubt dir, diesen Traum, der dir begegnet, unbeschwert zu träumen. Träume und webe dich ein. Mit dem Aufwachen wirst du nicht mehr derselbe sein. Denn du wirst, aus dem Kokon geschlüpft, zu einem bunten Falter geworden sein. Freilich wirst du diesen Traum nur träumen können, wenn du ihm nachstellst. Denn er wird dich nicht umsäuseln, sondern will von dir ersehnt sein. Solches Sehnen aber lässt sich wirksam nur durch wahres Verlangen äußern.

Verbandelt: Ihr versteht es, euch zu gleichen und gleichwohl verschieden zu bleiben. Diese Spannung ist es, die eure Liebe trägt. Versuche daher nicht, die Unebenheiten plan zu schleifen, du würdest nur die Würze aus der Beziehung nehmen. Ja, es wäre eurem Durst aufeinander keineswegs abträglich, wenn ihr mehr Salz an eure Liebe gäbet. Reizt euch, stachelt einander auf, damit die Verschiedenheit eurer Temperamente wieder mehr Farbe erhält. Diese Verschiedenheit ist es, die euch von Anfang an verband und euch stets in einer Weise stärkt, dass es ein Vergnügen ist. Suche diese Vergnüglichkeit bei deinem Schatz und biete sie ihm ebenso. Um die Harmonie musst du dich darauf nicht sorgen, sie bleibt der Kammerton, auf den ihr beide eingestimmt seid. Und habt ihr keine Idee, was den belebenden Reiz auslösen könnte, dürft ihr euch in eurer Dominanz abwechseln und dabei ein neues reizvolles Spiel entdecken.

Gold

Anbandeln: Das wird eine Eroberung, wie sie im Buche steht. Mit dem rechten Auge gezwinkert, ein verführerisches Lächeln aufgesetzt, ein paar bezaubernde Worte geflüstert, mit dem Finger geschnippt und die Angelegenheit wird kuschelig. Egal ob du Verführer oder Verführter bist und die Sache noch so einfach läuft, sie hat dennoch einen Haken. Er ist golden und für die Liebe geschmiedet. An diesem Haken wirst du zappeln, und keine Macht der Welt wird dich von ihm lösen. Dafür wird sich der Himmel der Liebe für dich öffnen und dich aufnehmen. Es wird eine fordernde und mächtige Liebe sein, sie wird dich um den Schlaf und um den Tag bringen, und du wirst keine Zeit zum Träumen haben, denn der Traum, den du träumtest, wird dein Leben sein. Doch nur, wenn du es wagst, dich ganz in ihm zu verlieren, darfst du dich an ihm berauschen und diesen Rausch ohne morgendlichen Kater überstehen.

Verbandelt: Hingabe und Vertrauen sind die Tugenden, die ihr als Säulen eurer Beziehung wähnt. Indes ist Hingabe ohne Forderung eher eine Untugend, so wie Vertrauen im Schatten des Misstrauens zur Lüge wird. Darum lasst euch nicht einlullen von selbstgestrickter Heimeligkeit. Sie würde das Feuer eurer Liebe zu einem braven Hausbrand reduzieren. Doch am Kachelofen überdauert keine Liebe. Also reißt die Säulen ein, lasst das Dach einstürzen, unter dem es euch gemütlich scheint. Diese Liebe braucht das Licht der Sonne und den Glanz der Sterne, sie ist zu einzig und zu mächtig, um sich der Alltäglichkeit zu fügen. Darum fordert euch, zwingt euch zu Offenbarungen, für die sich andere schämen müssten. Und tauscht das gewohnte Vertrauen zurück in das anfängliche Zutrauen des ersten Augenblicks. Zeigt eure Scham und bleibt verletzlich!

Gold

Anbandeln: Geliebter Chaot, geliebte Chaotin, magst du zu dieser Eroberung sagen, wenn du ihr beim morgendlichen Kaffee gegenüber sitzt. Doch so einfach ist das Spiel dieser Gefühlsverwirrung nicht. Schließlich wirst du es gewesen sein, der in diesen Strudel tauchte. Und er wird dir nicht nur die Sinne verdrehen, sondern dich bis auf seinen Grund ziehen. Ob du dann fernab von ihm wieder auftauchst oder dich erneut von ihm erfassen lässt, liegt nur noch insoweit an dir, wie du noch Herr deiner Gefühle bleibst. Denn was dir so chaotisch erscheint, hat in sich klare Struktur. Es ist die Macht der Gegensätze, die dich in ihren Bann schlägt. Begreifst du dies mit deinem Herzen, begreifst du auch die Liebe, die dich verwirrt. Sagst du dann »ja«, wird dir dein Gespiele zur zweiten Seite der Medaille, und ihr werdet gemeinsam eine selten schöne Münze abgeben.

Verbandelt: Sei froh, dass dir das, was du dir gelegentlich erträumst, nicht beschieden ist. Denn so unvollkommen dir diese Verbindung an trüben Tagen auch erscheinen mag, so unglücklich wärst du, besäße sie die von dir erträumte Vollkommenheit. Ist es doch der Reiz des Unvollkommenen, der ihr jene seltene Schönheit verleiht, die dich so verzaubert. Dieser Zauber ist nicht nur die Liebe, sondern auch die Verwandlung, die mit dir durch sie geschieht. Blickst du zurück, erkennst du, was mit dir geschehen ist, und du wirst ebenso wenig zurück wollen, wie du keine dieser Stunden missen möchtest. Und da der Reiz sich nicht verliert, wird sich dieser Wandel fortsetzen. Vielleicht scheust du ihn ob seiner Unüberschaubarkeit. Doch gehst du in dich, ist es gerade dieses das Abenteuer, das du suchst. Und was kann schöner sein als eine Liebe, die über die Zeit immer noch ein Abenteuer ist.

Gold

Anbandeln: Falls du Rollenspiele liebst, hast du hier die Chance, einmal ganz aus dir heraus zu schlüpfen. Denn sobald du das Band aufnimmst, das dir gereicht wird, wirst du viele Knoten in ihm finden. Und jeder Knoten bedeutet ein neues Spiel, das von dir gespielt werden möchte. Dass dabei die Schauspieler nicht wechseln, mag, wer zusieht, kaum glauben. Was gestern galt, wird heute nicht mehr gültig sein. Also mache dich auf ein Wechselbad der Gefühle gefasst. Doch fürchte dich nicht, es wird ein berauschendes Erleben sein. Kennt doch das Spiel nur eine Regel, und die heißt: Lust und Liebe. Hältst du dich an sie, wird das eine das andere verstärken. Ein Sturm wird dich erfassen und dich hoch hinaus heben. Ob allerdings das Spiel die erste Spielzeit überdauert, hängt davon ab, ob ihr euch trotz der Rollen noch erkennt. Gelingt dies euch, habt ihr ein festes Fundament für eine dauerhafte Liebe gelegt.

Verbandelt: Fragst du, ob das Feuer noch glüht, darfst du unbesorgt sein: Es wird rasch wieder lodern. Schließlich bietet ihr euch genug Reibungsfläche, um euch auch weiterhin aneinander zu wärmen. Allerdings solltet ihr darauf achten, dass euch aus Missverständnissen keine Affären erwachsen. Sprecht vielmehr offen über euer unterschiedliches Verständnis. Hierdurch werdet ihr eure Widersprüche zwar nicht aus der Welt schaffen, dafür aber einen Weg finden, wie ihr sie kultiviert und respektiert. Denn es ist nicht fehlende Liebe, die euch manchmal frösteln lässt, sondern euer widerstreitendes Ringen, einander anzuleiten. Gebt euch deshalb Spielregeln, und erfindet euch neue, sobald ihr merkt, dass sie sich abnützen. Und schätzt, ja liebt dieses Spiel, denn eure Liebe ist zu kostbar, als dass ihr sie vom Alltag verschlingen lasst.

Gold

Anbandeln: Dass Eis auch wärmen kann, darfst du feststellen, sobald du in diesen Eisblock eine Höhle schmilzt. Willst du dich wirklich davon überzeugen, musst du ihn nur fordern und infrage stellen. Hierdurch wirst du ihn erschüttern und magst dich dann an ihn lehnen, um ihm Balance zu geben. Hast du ihn so erst einmal angetaut, wird dich seine Wärme überraschen. Freilich wird es seine Zeit brauchen, bis du in sein Herz sinkst. Dann aber wird es heiß für dich werden. Ruht doch unter dem Eispanzer ein Vulkan an Leidenschaft. Seine Glut wird dich erhitzen und seine Ausbrüche derart erschüttern, dass du glaubst, dein Herz zerspränge. Doch sei deswegen unbesorgt, es ist nur die Liebe, mit der du gespielt hast und die dich nun ihrerseits entflammte. Und falls du dich selbst als besagter Eisblock wähnst, dann blicke dich nur um, und du wirst in die Augen dessen blicken, der dich zum Schmelzen bringt.

Verbandelt: Ihr kennt euch zu gut, als dass ihr nicht wüsstet, auf welcher Klaviatur ihr spielen müsst, um den Walzer der Liebe zu tanzen. Doch ebenso wisst ihr auch, welchen Ton ihr anschlagen müsst, um das Lied der Verzweiflung anzustimmen. Wohl darum habt ihr ein besonderes Vergnügen daran, die Tonlagen in rascher Folge zu wechseln. Doch im Grunde spielt ihr immer noch das neckische Spiel, das da heißt: Er liebt mich, er liebt mich nicht. Freilich nicht weil ihr euch darüber unsicher seid, sondern weil ihr euch nicht einigen könnt, wer oben liegt. Dabei kuschelt ihr euch doch ohnehin am liebsten nebeneinander aneinander. Deckt die Klaviatur für eine Weile ab und nehmt euch die Zeit, das zu hegen, was euch das Liebste ist. Ihr werdet darüber das alte Spiel nicht vergessen, doch werdet ihr es darauf viel eher als ein Spiel verstehen.

Gold

Anbandeln: Als Mädchen solltest du die Augen niederschlagen, aber als Junge hast du dich in die Brust zu werfen. Diese Liebelei verlangt altbewährte Regeln. Und das gerade deshalb, weil du dich keinem Kirchenchor anschließen, sondern unter eine Meute Anarchisten mischen wirst. Regellosigkeit ist hier Alltäglichkeit und ohne Reiz. Also fordere den Reiz der Sittsamkeit. Sie ist der Juwel, der das Feuer der Liebe birgt. Ihr Funke wird auf euch überspringen und euch verzaubern, und du wirst die einmalige Gelegenheit haben, einen Frosch zu küssen. Es wird darauf so märchenhaft sein, wie du es aus dem Märchen kennst. Der Frosch wird davonspringen und die goldene Kugel in den Brunnen fallen. Doch das wird euch nicht schrecken, denn ihr werdet euch so lange weiter küssen, bis der Frosch zum Prinzen wird und die Prinzessin ihm ein Reich zu Füßen legt.

Verbandelt: Zu Beginn dieser Liebe wolltest du die Sterne nicht befragen, also befrage sie auch jetzt nicht. Warum auch sollen die Sterne mehr wissen, als dein Herz dir sagt. Diese Liebe wurde nicht im Himmel, sondern in euren Herzen besiegelt. Darum lausche dem Schlag eurer Herzen, sie schwingen in der sphärischen Harmonie, die euch umgibt. In euch haben sich zwei Seelen getroffen, die sich seit Äonen suchten, um zu einem strahlenden Engel zu verschmelzen. Und diese Alchemie wirkt nur, wo sich Unvereinbares vermischt. Schließlich wird kein Engel aus gleichen Teilen geschaffen. Also bleibt so verschieden, wie ihr seid, und lebt zugleich die Verschiedenheit des anderen. Im wechselseitigen Licht und Schatten euch selbst als miteinander zu entdecken, scheint eure wahre Aufgabe zu sein. Solchermaßen dürft ihr aneinander wachsen und Grenzen sprengen, von denen ihr zuvor nicht ahntet, dass es sie geben könnte.

Anbandeln: Jede Zeit hat ihre Blüte, und dies ist nicht die Zeit, Grenzen zu sprengen und sich am Gegensätzlichen zu reiben. Jetzt dürfen sich Topf und Deckel finden. Darum schaue nach dem Ähnlichen und Gleichen. In ihm wirst du jene traute Liebe finden, nach der dir Sinn und Gemüt stehen. Blickst du dich dazu im Kreis deiner Freunde um, wird dir die Wahl leicht fallen, hältst du doch dort seit längerem ein Feuer am Glimmen, das du nur anfachen müsstest. Daraufhin wird dich zwar nicht die Flamme der Leidenschaft verzehren, dafür aber darf sich deine Seele in frühlingshafter Wärme räkeln. Doch hüte dich davor, dich gleicher zu geben, als du bist. Du würdest das auflodernde Feuer nur austreten. Pflege deshalb den kleinen Unterschied mit Bedacht, solange du vermeiden willst, dass sich zwei Töpfe anschicken, sich passende Deckel zu suchen.

Verbandelt: Du willst zwei Dinge unter einen Hut bringen, die partout nicht darunter passen. Verschwende deine Zeit nicht mit fruchtlosen Wünschen, sondern belasse es beim klugen Sowohl-als-auch. Einerseits seid ihr beide ein unschlagbares Gespann, das in seltener Einigkeit am gleichen Strang zieht. Pflege diese Eigenschaft, sie ist der Kitt, der euch verbindet. Andererseits gleicht ihr zwei Heerlagern, die sich einander argwöhnisch beäugen und in unzähligen Scharmützeln zerreiben. Hier wird es keinen Frieden geben, solange ihr ihn aushandeln wollt. Richtest du dagegen deinen Blick nach außen, wirst du lohnende Beute finden. Auf der Jagd nach ihr wird sich der ersehnte Frieden im Inneren von selbst einstellen. Mit ihm aber wird sich ein Weg abzeichnen, wie ihr das Nützliche mit dem Angenehmen verbinden könnt. Beschreitet ihr ihn, werdet ihr zu einem beiderseits beglückenden Ausgleich gelangen.

Sonne

Anbandeln: Blicke nicht auf jene, die dir Komplimente machen und dir nach dem Mund reden. Laufe auch nicht jenen hinterher, die meinen, sie könnten dich mit ihrer kalten Schulter locken. Achte statt dessen auf die Stimme des ehrlichen Freundes, der auch dein Lieblingsfeind sein könnte. Er wird dir eine Wahrheit sagen, die dich zugleich erschüttert wie fasziniert. Denn er wird tiefer in dich blicken, als du selbst jemals wagtest. Halte mit gleicher Münze dagegen. Ihr werdet darob nicht das Lied von Liebe, Hass und Leidenschaft singen, sondern euch mit offenen Visieren begegnen. Dass solche Offenheit auch Wunden schlägt, zählt mit zum Spiel. Allerdings werden es heilsame Wunden sein, die ihr euch schlagt. Und wenn ihr euch trotz Verletzungen nicht loslassen wollt, wird euch allmählich das Band einer ungewöhnlich tiefen Liebe umschlingen. Knüpft ihr einen Knoten hinzu, wird sich dieses Band nicht mehr lösen.

Verbandelt: Über mangelnde Leidenschaft müsst ihr euch nicht beklagen. Doch ist es nicht die Hitze der Zweisamkeit, die du beklagst, sondern die Funken, die der Alltag schlägt. Dabei ist es nicht die Gegensätzlichkeit eurer Temperamente, an der ihr euch reibt, als vielmehr deren Gemeinsamkeit. Ihr seid beide zwei starke Charaktere, aber solange ein jeder von euch mit dem Kopf durch die Wand will, werdet ihr euch nur gemeinsam schmerzhafte Blessuren holen. Warum aber wollt ihr euch gegenseitig die Marotten und Launen austreiben, die euch einst in liebender Faszination zusammenführten? Darum blickt zurück und gewährt euch wieder eure Launen und Freiräume, und ihr werdet erleben, wie euch erneut verbindet, was euch zum Trennenden geworden ist. Gleichwohl wird es turbulent bleiben. Doch jede Turbulenz ist auch Wind unter die Flügel eurer Liebe.

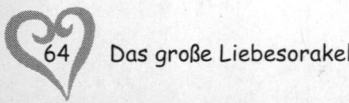

Anbandeln: Unter diesem Zeichen darfst du dir einen Gespielen backen. Gib alle Zutaten in den Teig, von denen du gerne naschen möchtest, und bereite dich auf einen Festschmaus vor. Allerdings solltest du auch selbst für die nötige Hitze sorgen, damit der Kuchen nicht zusammenfällt. Darum sei diesmal recht unbescheiden und schnapp dir den Prinzen deiner Träume. Doch damit du nicht danebengreifst, solltest du ihm zuvor noch die entscheidende Frage stellen. Und vergiss nicht, du wirst es sein, die wählt! Dass du dabei in gleicher Weise erwählt wirst, steht auf einem anderen Blatt und sollte dich nicht kümmern. Und falls dir beim ersten Techtelmechtel so manches bekannt vorkommt, muss dich auch dies nicht kümmern. Schließlich wissen Traumprinzen, wovon Prinzessinnen träumen und umgekehrt. Und damit dir bei soviel Harmonie die Zeit nicht lang wird, wollen dir gute Freunde einreden, das alles wäre nur ein Traum.

Verbandelt: Nein, es gibt keinen Grund zur Eifersucht, solange ihr euch die Neider vom Hals haltet, die euer Liebesglück nicht ertragen und sich bemühen, einen Keil zwischen euch zu treiben. Und da ihr auf keiner einsamen Insel lebt, solltet ihr eure Freunde gemeinsam und mit Bedacht wählen. Nicht weil den falschen Freunden ihre Absichten auch gelingen könnten, sondern weil das Gift der Eifersucht stark genug wäre, eure Liebe anzugreifen. Hierbei steht ihr einander in nichts nach. Besser wäre es indes, ihr würdet einander weniger besitzen als lieben wollen. Und noch besser wäre es, ihr würdet es dem jeweils anderen gewähren, euch zu lieben, anstatt seine Liebe mit eurer Liebe einzufordern. Erst dann aber werdet ihr erfassen, wie rein eure Liebe ist und die falsche Hitzigkeit wird sich verlieren. Dafür wird die Harmonie der Zweisamkeit auch in eurem Alltag wirken.

Anbandeln: Auf Freiersfüßen bist du eher leichte Beute als ein guter Jäger. Darum darfst du daran zweifeln, ob das, was dir vor die Füße fällt, von dir auch anvisiert wurde. Jedenfalls ist die Beute, die Amor für dich erwählte, von anderem Kaliber als das leichte Wild. Sie wird widerspenstig und eigensinnig sein und sich nicht haschen lassen wollen. Also bleibe ihr auf der Fährte und treibe sie vor dir her. Mit der Jagd verfeinern sich auch deine Sinne. Auf dieser Pirsch wirst du deinen künftigen Gespielen in ganz eigener Weise wahrnehmen. Dieses tiefe Verständnis erlaubt es dir schließlich, dich ihm selbst als Köder anzubieten und ihn darauf in deiner Liebesfalle zu fangen. Danach magst du dich womöglich fragen, was schöner war, die Jagd oder das Halali. Und geht dir diese Frage nicht mehr aus dem Sinn, darfst du deinen Gürtel schnüren, denn dann ist die Jagdsaison für dich noch lange nicht zu Ende.

Verbandelt: Warte nicht auf den Jahrestag eurer Liebe. Unterbrich den Trott jetzt und zelebriere euch hier und jetzt ein Liebesfest. Du weißt, das muss kein großer Auftritt sein. Es genügt, dass ihr euch zum Espresso um die Ecke trefft und du deinem Geliebten zuflüsterst, »ich liebe dich«. Es zählt nicht, wie oft du diese Worte gedacht, sondern nur, wie oft du sie gesagt hast. Diese Liebe will geliebt werden, dies ist ihr einziger Zweck. Schließlich ist es weder Hab noch Gut noch Gleichklang oder Gegensätzlichkeit, die euch verbinden. Es ist einzig und allein der himmlische Gefallen aneinander. Also bemüht euch weiterhin eifrig, einander zu gefallen. Solange ihr daraus keine Gewohnheit macht, werdet ihr diesen ungewöhnlichen Reiz bewahren und verstärken.

Anbandeln: »Suche offene und herzliche Partnerschaft!« Das bringt auf den Punkt, was dich umtreibt. Nur, wer sucht das nicht? Und schon findest du dich unter den Vielen wieder, die Bäumchen-wechsel-dich spielen. Nur ist es nicht das, was sich Amor für dich vorstellte. Zu gern würde er dir ein Herz-Ass zuwerfen. Deshalb darfst du dir ein wenig mehr einfallen lassen. Schraube deshalb nicht nur deine Ansprüche höher, sondern bedenke auch, wie du dich unter den Vielen hervorheben willst. Denn für den entscheidenden Augenblick wird es der Eindruck sein, den du machen wirst, der bestimmt, ob deine Karte sticht oder nicht. Stell dir also vor, wie der Gespiele an der Seite deines Traumes sein sollte, damit aus euch beiden ein glückliches Paar wird. Verwandle dich in diese Vorstellung. Doch nur wenn du hierbei eine Rolle spielst, die dir auf den Leib geschrieben ist, wirst du auch zum Star werden.

Verbandelt: Deine Beziehung steht unter einem machtvollen Zeichen. Es will sie bewahren und erhöhen. Doch für wen willst du dieses Ideal pflegen? Liebst du für die Galerie oder für deinen Schatz? Diese Liebe findet ihre Erfüllung in eurer Zweisamkeit, in eurer Freude, euer Leben gemeinsam zu gestalten. Und nur wenn ihr daran Freude habt, mag das angestrebte Ideal auch nach außen wirken und euch in vollem Glanz bescheinen. Löst daher den Widerstreit zwischen Lust und Pflicht und Pflicht und Kür, indem ihr einem jeden dem ihm angemessenen Raum gebt. Möglich wird dies, sofern ihr euch klare Regeln und Zeiten setzt. Anfänglich mag euch dies lächerlich erscheinen. Doch habt ihr euch erst einmal daran gewöhnt, werdet ihr diesen Rahmen nicht mehr missen wollen. Schließlich erlaubt er euch, auch bezaubernde Liebesrituale zu inszenieren und euch auch im Alltag zu präsentieren.

Sonne

Anbandeln: Falls du den April liebst, wirst du an dieser sich anbahnenden Liebelei alles mögen. Ja, du wirst es so sehr mögen, dass aus dem anfänglichen Geplänkel eine herzzerreißende Liebe wird, die selbst Amor noch staunen lässt. Hältst du es dagegen lieber mit dem Mai, wird dir das Wettern der Leidenschaften rasch über sein, und du wirst dich bald an eine atemberaubende Episode erinnern. Die Erinnerung aber wird sich zum Liebesschmerz verklären und du wirst über eine Liebe weinen, der du zu ihrer Zeit nicht genügen konntest. Im übrigen hat das Abenteuer, das dich erwartet, längst begonnen. Also schau dich nicht weiter um, sondern greife zu, sobald die Sonne euch lacht. Regen, Sturm und Sonnenschein werden darauf in rascher Folge wechseln. Und ihr werdet euch nie sicher sein, wer von euch das Wetter macht. Nehmt ihr es so einfach, wie es kommt, dürft ihr euch tief in eure Herzen blicken.

Verbandelt: Dass du dir mit deinem Partner einen knorrigen Charakter zur Seite gewählt hast, sollte dir jetzt nicht zur Klage werden, schließlich stehst du ihm an Eigensinn kaum nach. Überdeckte bislang der Mantel der Liebe die Disharmonien, fragt dich jetzt das Orakel: Ist dir der Mantel der Liebe zu kurz geworden? Sollte es dich jetzt fröscheln, steht dir zur Wahl, dir entweder ein wärmeres Futter einzunähen oder dir einen warmen Platz an einem Ofen zu suchen. Warm wird es dir unterm dünnen Mantel werden, sofern du es verstehst, alte Leidenschaften neu anzufachen. Nicht nur neue Lust an der Lust ist hierfür ein bewährtes Mittel, sondern auch die eingespielten Rollen neu zu besetzen sorgt für jene Abwechslung, an der sich die Liebe wieder zu erhitzen vermag. Wieder heiß, könnte die Liebe sein, was sie sein sollte, nämlich selige Anarchie.

Anbandeln: Willst du wie in einem Werbespot über blühende Wiesen springen und deinem Gespielen in die Arme schweben, so sorgt Amor hier für die Gelegenheit. Romantik pur wird dir geboten. Händchenhaltend und euch selbst genug wandelt ihr durch einen Zaubergarten. Die süßesten Liebesschwüre zirpt ihr euch ins Ohr und besingt die Liebe. Zweifele nicht an diesen Versprechen, sondern erlaube dir, sie vom Tag bescheinen zu lassen. Dazu solltest du freilich frei sein, die dir gebotene Hand unbeschwert zu halten. Also löse dich von den Schatten der Vergangenheit und gib dir ein neues Aussehen. Dieses Spiel will in Unschuld gespielt werden. Nur dann vermag es seinen wahren Reiz zu entfalten. Und lockt es dich, im Spiel doch über den Tag hinauszublicken, solltest du erkunden, was dem süßen Einklang zuwider tönt. Er wird es sein, den ihr entweder als Schluss- oder als Grenzstein setzt.

Verbandelt: Diese Verbindung ähnelt einem großen Teppich, unter den ihr eifrig allen Schmutz kehrt. Das mag zwar eine Weile gut gehen, doch die Gefahr ist groß, dass ihr den Tritt auf ihm verliert und in zwei Richtungen auseinander purzelt. Deshalb solltet ihr euch allmählich weg von den Vorstellungen über eure Zweisamkeit hin zur Wirklichkeit dieser Partnerschaft bewegen. Dabei werdet ihr entdecken, dass so manche Kulisse, in der ihr euch bewegt, recht abgeschabt und staubig ist. Daraufhin dürft ihr das Theater wechseln oder euch einen neuen Hintergrund schaffen. Letzteres sei euch empfohlen, schließlich seid ihr selbst das Theater. Und vielleicht wählt ihr euch noch rasch einen neuen Regisseur, der den frischen Wind verstärkt. Jedenfalls wirkt euer Spiel zu gekonnt, als dass es euch nicht gelänge, noch eine hinreißende Liebeskomödie aufzuführen.

Sonne

Anbandeln: Bilde dir nur nicht ein, du bleibst der Herr des Geschehens, sobald du dich auf diesen Flirt einlässt. Das wird dir nur so lange vorgegaukelt werden, bis du dich, mutig geworden, ins tiefere Wasser wagst. Dann aber wird dich die Strömung erfassen und fortreißen. Das einzige, was dir noch bleibt, ist, dich fest ans Ruder deiner Vernunft zu klammern, damit du nicht an den Klippen zerschellst. Doch genau das wird dir geschehen, solange du versuchst, dein Schiffchen gegen die Strömung zu lenken. Warum also gibst du nicht auf und lässt dich treiben? Vertraue dem starken Strom der Liebe, in ihm ist noch kein Liebender ertrunken. Sie allein schenkt dir die Unvernunft, dich über die gebotenen Schranken hinwegzusetzen und Feinde als Freunde und Freunde als Feinde zu gewinnen. Gelangst du dann in ruhigere Gewässer, wirst du dich an fruchtbaren Ufern in einer unbekannten Landschaft wieder finden.

Verbandelt: Die Liebe allein beschützt die Liebenden. Warum also solltest du auch diesmal nicht diesem Schutz vertrauen? Der Alltag ist nur das lärmende Auditorium, das ihr verzaubert und zum Schweigen bringt, sobald ihr mit dem Bogen über die Saiten eurer Liebe streicht. Eure Liebe und eure Zweisamkeit ist der Hort des Friedens, in dem ihr wieder zu gewohnter Stärke findet. Wendet ihr euch darauf nach außen, wird das, was euch zu überwältigen drohte, überschaubar und beherrschbar sein. Die Kunst, die eure Zweisamkeit euch lehrt, besteht zudem darin, zwischen Laune und Vernunft zu unterscheiden und beides nach Herzenslust in wilder Unvernunft zu vermischen, um es am Ende wiederum zu klären. Löst ihr diese Fertigkeit aus ihrem gewohnten Rahmen, wird sie euch nicht nur süßer Trost sein, sondern auch zu einem Schwert, das ihr zu führen versteht.

Weiß

Anbandeln: Wenn dir warm ums Herz wird, solltest du mit dieser Glut kein Feuer anblasen, man würde nur die Zugklappe am Herd schließen, um es zu ersticken. Noch schlimmer wäre es, man käme auf den Gedanken, die Fenster aufzureißen, um mit deiner Glut die Gassen zu heizen. Nein, aus dieser Liebelei wird keine flammende Liebe werden, und eigentlich könntest du auch ganz gut auf sie verzichten. Du hättest etwas mehr Zeit für dich und deine Freunde und könntest dir in stillen Momenten sehr stille Gedanken machen. Doch andererseits ist dir diese Begegnung auch eine schöne Abwechslung, um genau dies alles zu tun. Denn noch nie warst du so unabhängig in einer Beziehung, wie du es dieses Mal sein wirst. Dank dieser Unabhängigkeit wirst du mehr über dein Liebesleben erfahren, als dir bislang recht war. Und der einst graue Schwan darf sich daraufhin zu einem stolzen weißen Schwan mausern.

Verbandelt: Solange ihr das gemeinsame Ziel nicht aus den Augen verliert, mag sich eure Zuneigung daran ein ums andere Mal erwärmen. Das soll nicht heißen, dass eure Zweisamkeit ohne Feuer ist. Vielmehr trägt ein jeder von euch ein Ideal der Liebe mit sich, an dem ihr, um es nicht zu verlieren, die Wirklichkeit nicht messen wollt. Anderen mag solches nicht genügen, euch aber ist es genug, um aneinander Trost zu finden. In dieser Weise habt ihr euch zu einer Schutz- und Trutzgemeinschaft verschworen, die euch gleichermaßen Wärme spendet. Lasst ihr es dabei bewenden, könnt ihr zusammen alt und grau werden, ohne dass euch etwas fehlt. Mit der Zeit wird daraus eine Innigkeit entstehen, die das gehegte Ideal verblassen lässt. So zufrieden werdet ihr zu einer Liebe finden, die euch einen goldenen Herbst verspricht.

Anbandeln: Für den Augenblick wird alles anders sein. Das Fieber der Liebe wird dich schütteln, deine Wangen werden sich verräterisch röten und ein Schwarm Schmetterlinge wird dir im Bauch flattern. Der oder keiner, wirst du dir denken, und schon wirst du ihn umschwirren wie die Motte das Licht. Genieße diesen Augenblick, gebe dich ihm ganz hin, denn er wird das Schönste sein, was dir in Erinnerung bleiben wird. Was danach kommt, wird nämlich das bislang Gebotene noch überbieten. Ihr werdet Fahrt aufnehmen, der Wind wird eure Segel blähen und du wirst dich auf eine abenteuerliche Reise ins Unbekannte freuen. Doch dann werdet ihr schnurstracks in eine Flaute segeln. Und du wirst dich verfluchen, dass du nicht im Hafen geblieben bist. Denn aus dieser Flaute musst du mühsam und alleine herausrudern. Danach aber wirst du für eine hübsche Weile ein gebranntes Kind sein, das das Feuer meidet.

Verbandelt: Sollte es so weit sein, dass du dich fragst, was euch einst zusammenführte, und du es dir partout nicht mehr erinnern magst, dann ist auch der Augenblick gekommen, zu dem du nicht mehr das Orakel befragen solltest, sondern besser handeln solltest. Die passende Antwort für dein Handeln aber hast du dir längst selbst gegeben. Zögere darum nicht länger. Ist dir hingegen noch gut in Erinnerung, was euch einst verband, so solltest du den Augenblick ebenso nutzen und für dich diese Erinnerung wieder beleben. Warte nicht auf eine bessere Gelegenheit, denn eine bessere als diese wird sich lange nicht mehr einstellen. Und wenn auch dies kein Weg für dich ist, dann stürze dich auf deinen Partner und mache ihm die Hölle heiß. Rede, schreie und beschwöre ihn, bis dir die Stimme versagt. Danach ist es an ihm, die richtigen Worte zu finden.

Weiß

Anbandeln: Es geht weder so richtig schief noch so richtig vorwärts. Man sieht sich, man mag sich, man gewöhnt sich aneinander, ja, irgendwie mutet dir das Ganze wie eine Geschwisterliebe an. Und du beginnst, den Grund dafür bei dir zu suchen. Du blickst lange in den Spiegel und stößt doch nicht auf den Grund. Gleichwohl fragst du dich, ob du wirklich so fad bist wie diese laue Liebelei. Ja, du bist es und bist es zugleich nicht. Mit euch treffen lediglich zwei gleichgelagerte Schwingungen aufeinander, die sich wechselseitig einebnen. Nur weil ihr von gleicher Art seid, meint ihr, ihr müsst das Traumpaar sein. Doch was euch anzieht, taugt nicht für Liebe, Lust und Leidenschaft. Ja, ihr könnt stundenlang zusammen schweigen und fühlt euch, statt gelangweilt, dabei gar gut unterhalten. Prima, wenn es so ist, könnt ihr dicke Freunde werden, aber nie und nimmer ein Liebespaar.

Verbandelt: Es ist kein schlechter Stern, der euch bescheint. Er schickt euch Licht, doch eine wärmende Sonne ist er nicht, dafür seid ihr ihm zu fern. Und da ihr euch mondengleich umkreist, seht ihr einander mal im Licht und mal im Schatten. Entsprechend wechselt die Stimmung gleich Ebbe und Flut. Doch ob so oder so fehlt es ihr an Schwung. Was ihr erlebt, sind nur Übergänge von Lau zu Flau. Euch ist es genug, Leidenschaften würden euch nur schrecken. Schließlich war es nicht die Lust an der Lust, die euch verband, sondern die Freude am Zusammenwirken. Hierin aber seid ihr beneidenswert perfekt. Ja zu perfekt, was euch wenig Freunde macht. Doch wahre Lust empfindet ihr, wenn sich euer Denken zu einem Bild findet und vermischt. Dass ihr euch in dieser Weise eine eigene Welt erfindet, muss euch nicht stören, solange ihr beide sie belebt.

Weiß

Anbandeln: Schau den Brautpaaren nicht so neidisch hinterher, sonst sagst du womöglich aus einer falschen Sehnsucht heraus »Ja«, wo du besser »Nein« sagen solltest. Jedenfalls ist der Gespiele, den du derzeit an der Hand hast, noch nicht der Kandidat, den du auf Herz und Nieren prüfen solltest. Wäre sein Charakter stärker, besäße er mehr Entschlusskraft, wäre er etwas weniger launisch und würde er die schönen Dinge, die du schätzt, gleichermaßen schätzen, dann wäre er der Richtige fürs Leben. Und solltest du jetzt an jemanden denken, der all diese fehlenden Eigenschaften besitzt, dann mache dich schleunigst auf, ihm zu gefallen. Es wird Mai sein, und du wirst reizend und betörend sein, und so wird es dir leicht fallen, all die Mängel zu bemänteln, die auf seiner Liste stehen. Lausche dafür seinem Ideal und prüfe auf Herz und Nieren, ob du dich auch wirklich nach seiner Decke strecken möchtest.

Verbandelt: Ihr hängt den Himmel voller Geigen, sobald ihr beide alleine seid. Dann versteht ihr es, euch, säuselnd und turtelnd, die Welt schön zu richten. Indes werdet ihr euch unter Freunden gram und unter Fremden fremd. Mit den schlechten Gefühlen aber, die euch dabei zufliegen, verschattet ihr darauf eure Zweisamkeit. Vielleicht solltet ihr, statt alleine pflichtbewusst zu turteln, euer Tête-à-tête einmal dazu nutzen, die verdrehten Bilder von euch und eurer Zweisamkeit zurechtzurücken. Jedenfalls passt ihr nicht so zusammen, wie ihr es zelebriert. Verzichtet daher auf falsche Liebesschwüre und schale Komplimente. Es ist an der Zeit, dass ihr euch endlich kennen lernt. Es ist Mitternacht, der Ball auf seinem Höhepunkt, und ihr dürft euch demaskieren. Habt den Mut dazu und staunt, wie gut ihr so ganz ohne Glimmer doch zusammen passt.

Weiß

Anbandeln: Wer einsam ist, wird sich in seine Einsamkeit verlieben. Wer ein Mauerblümchen ist, wird sich in seine Mauer vergaffen. Und wem du jetzt in die Augen blickst, dem möchtest du wie ein zugelaufener Hund folgen, aus Furcht, einsam vor der Türe zu bleiben. Dabei könnte es so schön sein, wenn du nicht in die Zukunft blicken, sondern jetzt mehr Temperament zeigen würdest. Sieht man dich, möchte man gar meinen, du wärest so gesättigt, dass dich nichts mehr erheitern kann. Und so gehst du das Spiel der Liebe an, als zögest du in einen Krieg. So aber mag sich keine Begeisterung einstellen, und du wirst die Schlacht bereits verloren haben, ehe sie geschlagen wurde. Dabei stehst du vor einer entscheidenden Begegnung. Diesmal könntest du dein Glück besiegeln. Freilich wird dir das nur gelingen, wenn du das Ganze auf die leichte Schulter nimmst und bereit bist, das Spiel auch zu verlieren.

Verbandelt: In den Augen eurer Freunde seid ihr das Traumpaar schlechthin. In euren Augen aber mögt ihr das gleiche nicht erkennen. Nicht dass ihr zueinander wie Hund und Katze seid, doch in einer gewissen Weise fühlt ihr euch danach. Verändert ihr indes den Blickwinkel und versucht, euch mit anderen Augen zu sehen, würdet ihr in gleicher Weise wie eure Freunde von euch begeistert sein. Ihr würdet sehen, wie ihr miteinander harmoniert, und ihr würdet die liebevollen Blicke bemerken, die ihr euch schenkt. Und doch, der Schlüssel passt zum Schloss und sperrt trotzdem nicht. Wie das? Nun, weil ihr in der Tat wie Hund und Katz zusammenpasst. Beide vertragen sich großartig, sobald sie ihre Sprache verstehen. Dementsprechend müsst ihr nur begreifen, dass die Harmonie, die euch verbindet, die Verschmelzung eurer Verschiedenheit zu einem Ganzen ist.

Anbandeln: Gegensätze ziehen sich an, doch was du derzeit suchst, ist nicht dein Gegensatz, sondern dein Feind. Du pflegst das gar nicht so seltene Talent, dich immer wieder in die falschen Typen zu vergaffen. Darum solltest du, anstatt dir erneut Verletzungen zuzufügen, auf diese Begegnung verzichten und dich vom gewohnten Trubel zurückziehen, um mit dir ins Gericht zu gehen. Sofern du hierbei ehrlich zu dir bist und die Wurzel deiner Verirrung freilegst, wirst du verwandelt zurückkehren. Dann aber bist du frei genug zu wählen. Wähle jedoch nicht den Gleichklang, du würdest dich dabei nur langweilen. Suche statt dessen die Ergänzung im Gegensatz. Jetzt hast du den Mut, ihm die Stirn zu bieten und dich zu offenbaren, anstatt dich zu verleugnen und anzupassen. Du hast nichts mehr zu verlieren, und somit kannst du nur gewinnen.

Verbandelt: Egal wie deine Frage lautet, das Orakel wird dir nach dem Mund reden. Schließlich liegt das Glück, nach dem du schielst, in deinen Händen. Ihr passt zusammen wie Pech und Schwefel und seid euch doch so fern wie Mond und Erde. Was aber ist an diesem Bild verkehrt? Ob so oder so, das eine kann ohne das andere nicht sein. Bemühe dich daher nicht weiter, deinen Partner nach deinem Bild zu formen. Du hast ihn genommen, weil er so war, wie er ist. Ihr werdet euch nur nähern können, solange ihr Distanz bewahrt. Und ihr werdet euch nur dann nicht lösen, solange ihr die Mischung erhaltet. Dies ist die Alchemie der Liebe. Und was ein wahrer Alchemist ist, so sucht er emsig nach dem Stein der Weisen. Hat er ihn gefunden, wird er ihn zurück ins Feuer geben, um ihn in vielen kleinen Schritten erneut zu laborieren. Und so wirst du, da du dein Glück in Händen hältst, es schmelzen müssen, um es erneut zu schöpfen.

Anbandeln: Diesen Fisch fängst du nur mit langer Leine. Und Chancen hast du nur, sofern du dich aus diesem Wettbewerb zurückziehst, denn das Rennen wird außer Konkurrenz entschieden werden. Skandalisiere deinen Abgang, damit man dich in Erinnerung behält. Danach bleibt dir nur abzuwarten, bis man nach dir fragt. Zeigst du dich darauf wie beiläufig im Kreis der Konkurrenten, wird dir dein Herzblatt ungeahnte Avancen machen. Lächele ihm zu und verschwinde wieder. Machst du dich daraufhin rar, musst du nicht lange warten, bis man deine Festung belagert. Verteidige sie, als lagerte ein Feind vor ihr. Erst wenn dir seine Abgesandten die dritte Liebesgabe überbrachten, darfst du die Brücke über den Graben senken. Und falls dieser Plan ins Leere läuft, wird aufkommender Liebeskummer rasch verfliegen. Denn dann hast du nichts verloren, dafür aber, ob so oder so, ein schönes Spiel gewonnen.

Verbandelt: Wer schweigt, stimmt zu, und darum ist dein Schweigen der falsche Weg. Komm aus deiner Schmollecke heraus und sage, was dich stört. Je eher du dies tust, desto schöner wird die Versöhnung werden. Allerdings musst du damit rechnen, dass zuvor deiner Rede eine Widerrede folgt. Anstatt nun anschließend das gewohnte Spiel zu wiederholen, denkt ihr euch besser ein neues aus. Wie wäre es, wenn ihr diesmal gemeinsam schweigt. Dann nämlich wird es nicht lange dauern, bis ihr gemeinsam lachen werdet. Und Lachen ist in eurem Fall ohnehin die beste Therapie. Denn würden euch eure Probleme von anderer Seite aufgetischt, erschienen sie euch äußerst lächerlich. Sobald ihr aber gemeinsam lachen könnt, werdet ihr den Kokon, in den ihr euch gewoben habt, sprengen und gemeinsam neue Abwechslungen entdecken, die frisches Blut in eure Beziehung bringen.

Weiß

Anbandeln: Mit der Hitze deines Begehrens bringst du selbst einen Brocken Eis zum Schmelzen. Nur was wird übrig sein, wenn das Eis getaut ist? Eine Pfütze Tauwasser ist keine Träne wert. Darum halte dich lieber an umgänglichere Bewerber, die du mit deinem Temperament verwöhnen magst. Doch auch hier solltest du achtsam sein, willst du nicht wieder nur derjenige sein, der gibt und dem nichts gegeben wird. Es mag dir zwar ein Vergnügen sein, dich zu verschwenden, doch mit jedem Male erschöpfst du dich dabei ein wenig mehr und wirst allmählich zur Hülle deiner selbst. Es ist an der Zeit, dass du dir jemanden wählst, der dir ein Partner ist. Nur er wird es verstehen, deine Energien in kreative Bahnen zu lenken. Du wirst ihn daran erkennen, dass er dich bereits beim ersten Tête-á-tête in die Stille einer bislang nie erlebten Zweisamkeit entführt. Wenn es so ist, darfst du ihm bedenkenlos folgen, ansonsten bleibe allein.

Verbandelt: Diese Liebe will sich auf der Insel der Glückseligen in vergnüglicher Zweisamkeit entfalten. Doch hat sie sich erst einmal entblättert, will sie nicht wie ein Evangelium Jahr für Jahr gelesen werden. Nein, ihr habt einen Roman begonnen, der fortgeschrieben werden will. Ihr seid seine Autoren und Protagonisten zugleich. Und es wird euer Roman sein, der nur von euch gelesen werden soll. Darum verzichte darauf, dir ein Publikum zu suchen, dem eure Erzählung gelten soll. Du würdest nur beginnen, Seiten aus eurem Buch zu tilgen, und eure Geschichte bliebe unvollständig. Der Zauber eurer Zweisamkeit ist ihre unvergleichliche Intimität. Ihr dürft euch vertrauen, weil ihr so verschieden seid. Hierdurch wird die Schwäche des einen nicht zur Stärke des anderen. Bleibt in Bewegung und ihr werdet euch weiter verzaubern!

Stille

Anbandeln: Es scheint, als würdest du dir den Liebeskummer mehr herbeiwünschen als die Liebe selbst. Und so wirst du dich ein weiteres Mal selbst täuschen, nur um wieder enttäuscht zu werden. Besser wäre es allerdings, du verzichtest diesmal auf den Reinfall und weinst dich gleich in deiner Kammer bei Herz-Schmerz-Schlagern aus. Hast du schließlich genug davon, wirst du womöglich einsehen, dass dies nicht die Zeit ist, sich zu verlieben. Zum einen zeigst du dich vor Amors Pfeilen gut gepanzert, zum anderen bewegst du dich auch nicht in den Kreisen, in denen dein Werben passende Entsprechung finden könnte. Nimm dir deshalb Zeit für dich. Gönne sie dir ehrlichen Herzens und verstehe diese Weile zu genießen. In der Zwischenzeit mag auch dein Panzer aufweichen und von dir abfallen, wodurch du am Ende einen neuen liebenswerten Anfang findest.

Verbandelt: Auch wenn du aufgewühlt bist und deine Gefühle dir den Verstand zu rauben scheinen, dies ist nicht der Moment, Entschlüsse aus dem Bauch heraus zu treffen. Jetzt, wo du deinen Gefühlen Geltung verschaffen willst, ist Vernunft gefordert. Sieht dies dein Partner ebenso, werdet ihr diese Krise meistern. Nur dann wird es euch gelingen, euch neben euch zu stellen und über das Vergangene zu sprechen. Gemeinsam werdet ihr die Gabelung finden, an der sich eure Wege trennten. Und sofern ihr mutig genug seid, werdet ihr auch so weit vorausschauen, um zu sehen, ob und wo sich eure Wege wieder treffen könnten. Mit dieser Vorausschau werden auch Visionen aufsteigen. Lasst sie zu, wenn ihr euch eine Chance geben wollt. Und habt Geduld, denn es wartet ein gutes Stück Arbeit auf euch. Der Fleiß aber wird sich lohnen, denn ihr werdet eure Gefühle zum Sprechen bringen und euch aus ihren Ketten lösen.

Stille

Anbandeln: Das also soll dein Herzblatt werden. Was siehst du in ihm? Was erwartest du von ihm? Was soll es in dir sehen? Und wohin soll eure Reise gehen? Und was wird dieser Schatz dazu geben, damit sie sich erfüllt? Fragen, die du dir stellen solltest, bevor du den ersten Schritt wagst. Denn nur wenn du deine Träume kennst, wirst du in der Lage sein, deine Wünsche an der Wirklichkeit zu messen. Nein, das Orakel verspricht dir keine Erfüllung. Es mahnt dich nur, die rechte Wahl zu treffen. Denn es liegen zwei Karten vor dir: Tristesse oder Liebe. Gewiss, du könntest auch eine Münze werfen; nur fiele sie stets auf die falsche Seite. Falls dir bei diesem Bild eine Idee kommt, ahnst du bereits die richtige Seite. Doch noch ist es nicht so weit, loszustürmen. Drei Tage solltest du in Gedanken deine Münze werfen. Erst danach wird aus deiner Ahnung auch Gewissheit werden. Scheue daraufhin weder die Einsamkeit noch die Liebe.

Verbandelt: Nein, das ist keine Frage, die du an das Orakel richten solltest. Schließlich ist dir die Antwort längst bekannt: Ihr wollt das Spiel genau so fortführen, wie ihr es eingeübt habt. Diese Partnerschaft ist keine Erfüllung, dafür aber ein gediegenes Arrangement. Versteht ihr dies, könnt ihr euch die Freiräume gewähren, die euch zusammenführen. Dies verlangt von euch beiden gleichermaßen Großmut wie Charakterstärke. Doch ihr wäret kein Paar geworden, wenn ihr beides nicht besäßt. Gewährt ihr euch jedoch, was ihr euch bislang versagt habt, verändert ihr mit jedem Schritt die eingespielten Regeln. Dann aber wird sich zeigen, ob das Fundament noch hält, auf dem eure Beziehung gründet. Ist es ohnehin schon rissig, wird es zerfallen; ist es fest, werdet ihr gemeinsam die Erfüllung finden, die ihr euch ersehnt.

Stille

Anbandeln: Solange du nur dein Vergnügen suchst, wirst du es mit diesem Gespielen finden. Auch für einen gemeinsamen Morgenkaffee ist er ein recht passabler Anblick. Jedoch wird eine Unterhaltung mit deinem Spiegelbild tiefschürfender sein als ein Gespräch mit ihm. Auch wenn du an Liebeskummer leiden willst, liegst du bei ihm richtig, ist er doch weniger ein Herzblatt als eine treulose Tomate. Hast du dir jedoch etwas anderes vom Orakel erwartet, so kann es dir nur raten, deine Gefühle für einen späteren Zeitpunkt aufzusparen. Es mag dich zwar nach Zweisamkeit drängen, doch eben dieses Drängen nimmt dir den Glanz, mit dem du ansonsten auf dein Gegenüber wirkst. Zudem wirst du stumpf für die Leichtigkeit anfänglicher Liebelei. Sobald du aber Gefallen an deiner Freiheit gefunden hast, wird Amor seinen Pfeil auf dich richten, auf dass sie dir jemand rauben kann, den du zuvor noch nie gesehen hast.

Verbandelt: Ihr habt es euch schön eingerichtet, fühlt euch wohl und staubt dabei so langsam ein. So schwer kann es doch nicht sein, sich etwas Neues einfallen zu lassen, damit wieder frischer Wind in eurer Beziehung weht. Allerdings sollte es wirklich etwas Neues sein und nicht die Wiederholung längst erprobter Spiele. Und da der Wind bekanntlich von außen bläst, solltet ihr am besten den Turm, in dem ihr euch verschanzt habt, für ein Weilchen verlassen. Sucht euch eine gemeinsame Herausforderung. Besinnt euch auf etwas, was ihr schon immer gemeinsam machen wolltet, aber bislang unterlassen habt. Schiebt die Gründe beiseite, die dem im Wege stehen. Das Schicksal will es, dass ihr beide miteinander in einen sportlichen Wettstreit geratet. Ihr werdet dabei neue liebenswerte Seiten an euch entdecken. Beachtet das Fairplay!

Stille

Anbandeln: Es könnte wahre Liebe werden, was du da im Auge hast, wären da nicht die Freunde und die lieben Verwandten und die alten Liebschaften, die dich hiervon abhalten möchten oder dir die Zeit rauben, die du für die Eroberung deines Herzblattes bräuchtest. Du kennst dieses Lied aus anderem Munde, diesmal darfst du es selbst singen. Und damit du diese Aufgabe nicht nur nach dem Hörensagen löst, wird dir noch ein Nebenbuhler zur Seite gestellt, gegen den du dich erwehren musst. Alles in allem also keine Aufgabe für Zartbesaitete. Sofern dir jetzt schon der Spaß an diesem Geplänkel vergangen ist, darfst du dir diesen Fall auch aus dem Kopf schlagen. Scheren dich andererseits die unliebsamen Erschwernisse wenig, wirst du dir eine Liebe erstreiten, an der die Götter ihre Freude haben werden. Also rüste dich und zeige dich göttlich!

Verbandelt: Schlägst du jetzt auf den Tisch und versuchst, die Dinge wieder gerade zu rücken, werden sie wieder ins rechte Lot fallen. Doch ehe du deine Hand zum Schlage erhebst, solltest du dir überlegen, ob du dies hier und jetzt auch wirklich willst, oder ob du damit nicht eine Option ausschlägst, mit der du schon länger mit heißen Gedanken spieltest. Wenn dem so ist, wirst du dir mit deinem heilsamen Tabula rasa nur eine weitere versäumte Gelegenheit einhandeln, mit der du dir im Nachhinein die Zweisamkeit vergällst. Darum zögere lieber und blicke in die himmlische Perspektive, die du dir gezeichnet hast. Wage dich über bestehende Grenzen hinaus. Nur so mag die Galle deiner Gedanken abfließen. Du wirst frei sein, die erträumte Gelegenheit beim Schopfe zu packen oder sie ohne Groll loszulassen. Danach aber wirst du deine aktuellen Probleme anders betrachten und für sie gänzlich neue Lösungen entdecken.

Stille

Anbandeln: Suchst du die Aufregung, den Trubel, das Abenteuer und himmlische Leidenschaften? Dann solltest du deine Suche hier beenden, denn all das wird dir jetzt geboten, sofern du aufregend, lebenslustig, abenteuerlustig und leidenschaftlich bist. Doch fehlt dir eine dieser Eigenschaften, wird dir alsbald auch der Atem fehlen, um bei diesem Spiel mitzuhalten. Es wird sein, als träfest du auf das Spiegelbild deiner Temperamente. Ihr seht euch gleich und doch ist alles spiegelverkehrt. Es wird weder Harmonie sein, die euch erhöht, noch der Gegensatz, der euch begeistert, sondern himmlische Ergänzung, die euch aus der Alltäglichkeit wirft. Traum und Ohnmacht liegen hierbei dicht beieinander. Es wird ein Tanz auf dem Hochseil sein. Willst du dich auf ihm halten, sollten Vernunft und Gefühl deine Balancierstange sein. Sag deinen Freunden Ade, denn du wirst für sie keine Zeit mehr haben.

Verbandelt: Einerseits seid ihr ein eingeschworenes Team, andererseits gleicht ihr zwei hungrigen Wölfen, die sich um die Beute streiten. Und da ihr einander selbst die liebste Beute seid, fehlt es nicht an Verletzungen, die ihr euch zufügt. Gleichzeitig habt ihr Freude daran, euch gegenseitig die geschlagenen Wunden zu lecken. Sieht man euch zu, sieht man euch in seltsamer Weise aufeinander fixiert. Zweifellos ist es Liebe, die euch aufeinander schauen lässt, gleichwohl hegt ein jeder für sich den stillen Wunsch nach mehr Unabhängigkeit. Doch gewährt ihr sie euch, stellt sich nur ein Gefühl der Verlassenheit ein. Trotzdem, rückt für eine Weile auseinander, damit ihr euch insgesamt mehr Spielraum gebt. Aus der Distanz wird sich euer Blick verändern, und ihr werdet lebendigere und heilsamere Verbindungen zueinander entdecken.

Stille

Anbandeln: Dein Eifer fällt auf wenig fruchtbaren Boden. Gibst du aber deinem Herzblatt einen handfesten Grund zur Eifersucht, wird es sich darauf in der Weise um dich bemühen, die du dir erträumtest. Allerdings werden sich dann die Seiten verkehrt haben, schließlich hat der gewählte Grund zur Eifersucht auch seine vergnüglichen Seiten. Ja, er wird dir gar so erstrebenswert erscheinen, dass es sich lohnt, um ihn allein zu buhlen. Und so stehst du am Scheideweg und weißt nicht, in welche Richtung du dich bewegen sollst. Verharrst du dort ein Weilchen, wird man dir seinerseits einen Grund zur Eifersucht bieten. Magst du dich darauf immer noch nicht entscheiden, solltest du den Weg zurückgehen und die gesponnenen Fäden wieder auflösen. Damit fällst du zwar hinter den Anfang zurück, wirst dich aber rückblickend blendend unterhalten fühlen.

Verbandelt: Nichts fügt sich in deinen Augen so, wie du es dir vorstellst. Und solange du nicht gewillt bist, dir etwas anderes vorzustellen als das, was du vor Augen hast, bleibst du in deiner Falle stecken. Vielleicht liegt es auch daran, dass du keinen dir genehmen Standpunkt findest, um mit anderen Augen auf eure Beziehung zu blicken. Falls es so ist, suchst du keine Lösung mehr, sondern nur noch einen Anlass, um deine insgeheim getroffene Entscheidung zu fällen. Dann aber habe auch den Mut, den passenden Anlass herbeizuzwingen. Andernfalls wäre deine Unschlüssigkeit nicht nur ein Verrat an dir, sondern auch an deinem Partner. Und falls du unübersehbare Konsequenzen fürchtest, fürchtest du zu Recht. Du magst dir in noch so bunten Farben ausmalen, was geschehen wird, wenn ..., es wird gründlich anders kommen, als du es dir vorstellst. Somit aber findest du dich am Anfang dieses Spruches wieder.

Stille

Anbandeln: Es ist die wahre Wonne, dir zuzusehen, wie du dich für dieses Techtelmechtel abstrampelst. Du putzt dich heraus, übst vorm Spiegel heiße Blicke und in Gedanken liebliches Gesäusel ein, doch sobald du deinem Schwarm gegenüber stehst, fällt alles wieder in sich zusammen. Gottlob bemerkt er nicht, was in dir vorgeht, und so bleibst du mit deiner Verlegenheit allein. Der zündende Funke aber wird so nicht überspringen. Doch gibt es jemanden, der dir bei deiner Balz mit Wonne zusieht. Er wird es sein, den deine Funken treffen. Für seine Augen lässt du dir tief in deine Seele schauen. Sei also nicht verwundert, wenn du von unerwarteter Seite angesprochen wirst und dabei Dinge über dich erfährst, die du deinem besten Freund nicht verraten würdest. Und da du so erkannt bist, darfst du den Spieß umdrehen. Bleibe kühl, lehne dich zurück und genieße es, diesmal selbst umworben zu werden.

Verbandelt: Wieder einmal willst du deine Beziehung von oben nach unten wenden, und das Ergebnis deines Rumorens soll diesmal so sein, wie du es geplant hast. Also mache dich daran und reiße das Dach auf, damit es hineinregnet. Schlage die tragenden Pfeiler heraus, damit die Wände wackeln. Doch bevor du auch Hand an die Fundamente legst, solltest du einhalten und dir ansehen, was du angerichtet hast. Da steht sie nun, deine Zweisamkeit, und wackelt wie ein Kartenhaus. Anstatt also den hilflosen Versuch fortzuführen, Ordnung in deine Gefühle zu bringen, solltest du dich auf deinen Partner besinnen. Schließlich steckt er in dem gleichen Schlamassel wie du. Erlaube ihm, mit Hand anzulegen und zu richten, was zu richten ist. Gemeinsam werdet ihr ein Ergebnis erzielen. Es allein wird die Grundlage sein, auf der ihr euch weiter in Liebe verständigt.

Stille

Anbandeln: Frage dich nicht, ob du dich darauf einlassen sollst oder nicht, weil es dir bestimmt ist. Alles, was sich verdrehen kann, wird sich verdrehen. Du wirst feige, wo du mutig bist; du wirst stolz, wo du fügsam bist; und du wirst lieben, wo du dich abwendest. Doch bei aller Verdrehung bleibst du dir treu. Darum fürchte dich nicht vor diesem Abenteuer. Es wird dir Schmerz und Seligkeit bescheren. Und du wirst aus der Achterbahn dieser Gefühle nicht mehr aussteigen wollen, stürzt sie dich doch in deine eigene Schattenwelt und hebt dich zugleich in ungeahnte Höhen. In dieser Weise ist, was dir widerfährt, weniger ein Techtelmechtel als eine Seelenerkundung. Dir wird ein Spiegel vorgehalten, und du magst dich an dir nicht satt sehen. Du bist der Narziss. Daher wirst du zunächst auch nicht bemerken, wann das Spiel zu Ende geht. Zum Ausklang aber darfst du dich noch an einer gehörigen Portion Liebeskummer ergötzen.

Verbandelt: Wenn du ehrlich bist, war dir diese Partnerschaft von Anfang an auch Schmuck. Und da du es liebst, geschmückt zu sein, nanntest du es Liebe. Jetzt, wo der Schmuck Patina anlegte, spürst du die Gewohnheit. Später, wenn du den Schmuck zur Seite legst, wirst du die Liebe spüren. Darum bedenke, was du womöglich leichtfertig aus der Hand gibst. Solange du geschmückt bist, reicht die Vorstellung hierfür nicht aus. Aber vielleicht magst du dir Geschmeide borgen, um dich in anderer Weise aufzuputzen. Blickst du dann über den Tag hinaus, wirst du sehen, dass auch dieser Putz verblassen wird. Blickst du indes tiefer, wirst du entdecken, dass du Teil der verblassten Kostbarkeit bist. Betrachte also deine Frage auch unter diesem Aspekt. Vielleicht greifst du darauf zu einem Poliermittel und übst dich zudem darin, die Kostbarkeit mit Würde zu tragen.

Grün

Anbandeln: Die Hoffnungen, die du dir machst, scheinen nicht unberechtigt, deine Zuneigung stößt auf Gegenliebe. Da aber gegenseitige Sympathie längst keine Liebelei ist, darfst du ein wenig mehr tun, als nur brav zu hoffen. Denn dieses Turteltäubchen flattert dir nicht von selbst vom Dach ins Händchen. Du solltest beide Hände frei haben, es zu fassen. Und auch deine Ellenbogen solltest du gebrauchen. Zum einen, um andere Vogelfänger abzuhalten, und zum anderen, um das Täubchen, das neben ihm sitzt, aus seinem Nest zu vertreiben. Willst du also deinen Schwarm auf deine Leimrute locken, solltest du dich vorübergehend in ein richtiges Luder verwandeln. Doch nur wenn du auch den nötigen Eifer an den Tag legst und dein Ziel nicht aus den Augen verlierst, vermagst du am Ende dieses Vögelchen zu beeindrucken.

Verbandelt: Es wird nicht genügen, wenn ihr weiterhin fein säuberlich zwischen Tag und Nacht sowie zwischen Gefühl und Verstand zu trennen versucht. Das eine verwischt sich zunehmend mit dem anderen, und die Schatten werden stärker werden als das Licht. In den Schatten aber nährt ihr giftige Früchte, die euch süßen Rausch versprechen und doch nur Albträume bereiten. Die Zeit ist reif, dass ihr es wagt, euch ein weiteres Mal zusammenzuraufen. Es wird ein zähes Ringen werden. Denn nun geht es nicht mehr um die großen Dinge, sondern um viele kleine Misslichkeiten. Ihr werdet euch um Millimeter streiten, um die sich eure Grenzen verschieben könnten. Nachgeben werdet ihr dabei nur wollen, sofern der andere nicht nachrückt. Verliert darüber das gemeinsame Ziel nicht aus den Augen. Ohne Liebe wird das nicht möglich sein. Doch ebenso wichtig wie sie wird das Maß an Respekt sein, das ihr bereit seid, euch zu zollen.

Grün

Anbandeln: Schön hast du dir das alles ausgedacht, doch solltest du auch den Mut haben, deine Phantasien an der Wirklichkeit zu messen. Da aber wirst du mit deinen Gedankenspielen nicht sehr weit kommen. Hier zählt allein dein Liebreiz, dein Witz und dein Talent zur Selbstdarstellung. Darum lasse das, was du dir in deinem Kämmerlein ausgedacht hast, auch dort zurück. Stelle dich deinem Herzblatt, zeig ihm, dass du es willst. Rede nicht um den heißen Brei herum, sondern greife an. Wenn du Erfolg haben willst, wird es eine Eroberung werden, und du wirst der Eroberer sein. Das hat für dich den Vorteil, dass du dich zu jedem Moment zurückziehen kannst. Und es wird einige Momente geben, wo dir Zweifel an deinem Vorhaben kommen werden. Doch streiche nicht gleich bei der ersten Erschütterung die Segel, es soll ja ohnehin nicht die Liebe deines Lebens werden, sondern nur für einen Sommer sein.

Verbandelt: Du schielst nach der Taube auf dem Dach und bist dafür bereit, den Spatz in deiner Hand davonflattern zu lassen. Dass dies nicht die richtige Taktik ist, scheinst du zu ahnen. Doch steht dir gerade danach der Sinn, weil du in dieser Hinsicht einen ordentlichen Knick in der Optik hast. Hältst du erst das Täubchen in deinen Händen, wirst du merken, dass es leichter ist als der vermeintliche Spatz. Allerdings wird der Spatz, erst mal frei, sich mit anderen Spatzen tummeln und kaum Lust und Laune haben, sich wieder im alten Bauer einzufinden. Nein, willst du deiner Laune nachgeben, solltest du mehr Lust als Laune haben. Darum betrachte, was dich umtreibt, als dein eigenes Treiben, und ziehe dein Gegenüber nicht mit in diesen Reigen. So magst du tun, was dir nötig scheint, ohne dir mit unsinnigen Ultimaten den Rückweg zu verstellen.

Anbandeln: Anstatt dich zu fragen, was du verkehrt machen könntest, solltest du den gleichen Fehler wie beim letzten Mal nicht wiederholen. Lass dir Zeit! Stürmst du voran, wirst du an deinem erwählten Schatz vorbeirennen und über eine Person stolpern, an der du sicher nicht hängen bleiben willst. Vergiss daher deine Einschätzungen und Strategien, schließlich willst du in die Arme genommen werden und kein Geschäft eröffnen. Diese Liebe ist ein zartes Pflänzchen, das gehegt sein möchte, soll sie doch die prächtigste Rose in deinem Garten werden. Also fordert sie all deine Aufmerksamkeit, dein zärtliches Wort und deine sanfte Hand. Der Gleichklang eurer Seelen wird ihr zum Dünger werden. Es ist ein lieblicher und leiser Ton. Gelingt es euch aber, ihn gemeinsam zu erlauschen, wird er euch überwältigen und zu himmlischen Leidenschaften fortreißen.

Verbandelt: Diese Liebe blüht wie am ersten Tag. Doch anstatt im Garten eurer Liebe zu wandeln, macht ihr es euch auf eurer Veranda bequem und blickt in ihn mit dem Auge der Gewohnheit. So seht ihr über seine Pracht hinweg und lenkt euren Blick auf verwelkte Blätter und wilde Triebe. Der kleine Fehler des anderen wird euch so bedeutender als jene guten Eigenschaften, die euch einst ergötzten. Und dies wird so bleiben, bis es euch eine liebgewonnene Gewohnheit ist, euer Glück auf Dauer zu überschatten. Dies wird sich nur ändern, wenn ihr bereit seid, euch ein zweites Mal zu begegnen. Der einfache, doch falsche Weg wäre es, für eine Zeit getrennte Wege zu gehen. Ihr würdet zwar die Pracht eurer Liebe neu erkennen, doch läge sie im Schatten kleiner Prächtigkeiten. Besser ist es, ihr macht euch gemeinsam auf den Weg, damit ihr euch am Ende dieser Reise mit neuen Augen sehen lernt.

Anbandeln: Noch ist nicht aller Tage Abend. Du bist nicht richtig abgeblitzt, sondern nur schlecht angekommen. Du kannst diese Peinlichkeit vergessen und als fünftes Rad am Wagen ein Stück des Weges mitrollen, oder du sorgst für eine Reifenpanne, auf dass du beim Radwechsel zum rettenden Engel wirst. Also schick dich an, die Luft aus dem Reifen zu lassen. Jedoch solltest du dies nicht selbst erledigen, sondern andere für dich einspannen. Sie werden sich gerne vor deinen Karren spannen, solange sie nicht wissen, dass sie dich ziehen. Erhältst du schließlich deine Chance, solltest du dich nicht in die Rolle des Trösters drängen lassen, willst du dir nicht deinerseits den alten Michelin als fünftes Rad am Wagen einhandeln. Andererseits solltest du dich fragen, was dir an diesem Spiel so gut gefällt: Ist es die Intrige oder ist's die Liebe? In beiden Fällen aber warteten dankbarere Opfer auf dich.

Verbandelt: Siehst du nicht, wie dein Schatz übersättigt ist? Du magst ihn mit den süßesten Früchten locken, und doch schielt er nach den sauren Äpfeln in Nachbars Garten. Anstatt deinen Schatz weiter mit deiner Zuneigung zu überschütten, wäre es daher besser, du machst dich eine Weile rar. Du könntest dich dazu, Gleiches mit Gleichem vergeltend, selbst in Nachbars Apfelbaum setzen, damit er dich dort entdeckt. Ob er dich freilich darauf pflückt, wäre eine weitere Frage wert. Gehst du indes in dich, um deinen eigenen Weg zu finden, erlangst du ein Stück Unabhängigkeit, das dich in seinen Augen wieder begehrenswert macht. Bewahrst du dir diese Freiheit, darfst du das weitere Spiel nach deinen Regeln spielen. Spielst du es mit hohem Einsatz, wird es für beide Teile wieder reizend werden.

Anbandeln: Willst du dich diesem Schatz an die Seite stellen, solltest du genau hinhören, was er liebt und was ihn lau lässt, wo er doch die Harmonie am meisten liebt. Allerdings sind seine Vorstellungen von Gleichklang äußerst ungleich. Er liebt nur, was er liebt, alles andere lässt ihn lau. Also darfst du in die abgelegten Kleider seiner Verflossenen schlüpfen, ihre Worte säuseln, ihr Lächeln lächeln und ihre Freuden wiederholen, denn er will nicht dich, sondern seinen Traum. Ihn allein sucht er. Und du wirst nur ein weiterer Traum in seinem Leben sein. Denn am liebsten träumt er von verflossenen Lieben, sind sie doch erst, wenn sie verflossen sind, zum Weinen schön. Nun also kennst du das Spiel. Erscheine ihm in seiner Maske und gehe, sobald er entdeckt, dass du nur eine Rolle spielst. Danach darfst du kommen als der, der du bist, und ihn aus seinem Traum erlösen.

Verbandelt: Lächle ihm zu, schmiege dich in seinen Arm und flüstere ihm ins Ohr, dass du ihn verlassen möchtest. Traust du dich, werdet ihr durch Himmel und Hölle gehen, bis der Film schließlich sein Happy End findet. Danach sitzt ihr allein im dunklen Kino und dürft euch die Geschichte, die ihr gesehen habt, erzählen. Es werden zwei gänzlich verschiedene Geschichten sein. Ihr werdet euch still zuhören, und ein jeder wird die Geschichte des anderen für die schönere halten und glücklich sein, dass er in ihr eine Rolle spielen durfte. Doch anstatt sich erneut an die Kasse zu stellen, um Eintrittskarten zu lösen, solltet ihr nun beginnen, diesen Geschichten Leben einzuhauchen. Wagt euch mit ihnen in den Tag. Nur dann werden es zwei verschiedene Geschichten bleiben, die zusammen eine beglückende Partnerschaft ergeben. Wagt ihr es indes nicht, werdet ihr über den Anfang des Films nicht hinauskommen.

Grün

Anbandeln: Bei diesem Schatz kannst du nur etwas bewegen, wenn du dir die Zukunft in den rosigsten Farben malst und an diesem Bild nicht zweifelst. Denn dieses Zeichen verwöhnt die Buhlen, die an ihre Siege glauben. Die anderen aber, die Zögerlichen, die Taktierer und die Bangen haben in diesem Zeichen keinen guten Stern. Bedenke daher dein Begehren. Ist es lau, so bleibe besser allein, willst du dir tränenreiche Tage ersparen. Hast du indes ein Löwenherz und bist voll Lust und Laune, so darfst du dich schmücken. Wirf dich in dein schönstes Kleid und schleiche dich katzengleich an dein Liebchen heran. Nimm dies wörtlich, denn Geschmeidigkeit und Eleganz, Kraft und Schnelligkeit von Körper und Geist sind die beeindruckenden Eigenschaften dieser Liebelei, die ein sinnliches Vergnügen werden will. Ob es indes mehr sein wird, steht nicht zur Frage. Fragst du danach, gibst du dein Glück aus der Hand. – Eine Liebe für heute!

Verbandelt: Auch wenn du dich gelegentlich nach einer stinknormalen Beziehung mit geregeltem Alltag und sonntäglichen Vergnügen sehnst, würdest du doch keinen Tag tauschen wollen. Weißt du doch, dass dein Sehnen ein Sehnen vom Regen in die Traufe ist. Und da ihr beide gute Regenmacher seid, solltet ihr euch, statt euch in dieser Kunst zu übertreffen, auf andere Künste besinnen. So stünde euch die Kunst des Zuhörens gut an. Sie ist eine ungewöhnlich sonnige Kunst. Und da ihr euch beide viel zu sagen habt, würdet ihr euch damit gegenseitig ein kostbares Geschenk machen. Soll es wirken, darf es kein leises Geschenk sein, sondern ein ehrliches Versprechen. Versucht euch darin, und ihr werdet nicht nur sonnige Momente erleben, sondern euch auch in ganz anderer Weise erkennen, sind es doch insbesondere die Zwischentöne, die bei euch die Musik machen.

Anbandeln: Du solltest dir auch dann Hoffnungen machen, wenn du dir vollkommen sicher bist. Es ist die Hoffnung, die dir jenen besonderen Liebreiz verleiht, der dich so unwiderstehlich macht. Und dieses Mal darfst du alle Register ziehen, die dir zur Verfügung stehen. Nicht du sollst überrascht sein, sondern du sollst überraschen. Amor hat dir seinen Bogen gereicht, lege den Pfeil ein und ziele. Doch bevor du deinen Pfeil abschnellen lässt, solltest du dein Ziel erkunden. Hast du nämlich erst einmal getroffen, wird ein Herz entflammen. Dann aber könnte es gut sein, dass du es bist, der nach der Feuerwehr schreit, um den Brand zu löschen. Denn mit der Leidenschaft schmilzt auch der Lack, der deine Beute schmückte. Was aber dann zum Vorschein kommt, magst du nur lieben oder hassen. Darum wähle, bevor du wählst, und bleibe der Regisseur dieses Spiels.

Verbandelt: Krempelt euch endlich die Ärmel hoch und rauft euch zusammen oder auseinander. Jedenfalls ist es kein Zustand, dass ihr euch Bögen spannt, unter denen sich mal der eine und mal der andere zu bücken hat. Ihr habt geschnäbelt und euch ein Nest gerichtet, doch anstatt euch in ihm zu kuscheln, streitet ihr nun um die Lage der Streu und stellt euch Sinnfragen ohne Sinn. Sucht nicht nach gewichtigen Ursachen für die kleinen Unzulänglichkeiten. Es sind nur eure Launen und euer Starrsinn, die euch zu schaffen machen. Und falls ihr dies nicht dulden wollt, wollt ihr euch auf Dauer auch nicht dulden. Und dies wird geschehen, sofern ihr nicht reif für diese Liebe seid. Es ist keine alltägliche Liebe, die hier nach ihrer Vollendung strebt. Ihre Grundsteine sind Harmonie und Freiheit. Darum legt euch keine Fesseln an, die ihr nur sprengen müsst. Nur dort, wo ihr ungebunden seid, könnt ihr euch von Herzen treu sein.

Grün

Anbandeln: Was ist schon eine erfüllte Liebe gegen diese unerfüllte Leidenschaft. Jeden Tag darfst du aufs Neue zitternd dein Lächeln verschenken, mit umflortem Blick dem Widerblick begegnen und von paradiesischer Zweisamkeit träumen. Beide wisst ihr um eure Liebe, ja, man sieht es euch an der Nasenspitze an, dass ihr euch liebt, doch wisst ihr auch, dass jedes sich Erklären ein frühes Ende setzen würde. Ja, der Zeitpunkt, Küsse auszutauschen, ist längst versäumt, was bleibt, ist bittersüßes Schmachten: die geträumte Romanze als das eigentliche Glück. Willst du dieser Liebe trotzdem eine Chance geben, musst du ihr Feuer austreten und dich in anderen Armen vergessen. Doch sollte dann ein Wort, ein Blick das Feuer neu entzünden, dann zögere keinen Augenblick zu lange, um diese Liebe mit einem Kuss zu besiegeln.

Verbandelt: Was du beleben willst, ist längst vergangen. Das Fieber wird dich nicht mehr schütteln und es wird dir nicht mehr flau im Magen werden, sobald dein Schatz dich küsst. Dein Sehnen nach den Anfängen aber ist ein Leugnen eurer Partnerschaft. Falls du die Wallung des sich Verliebens suchst, musst du sie woanders suchen. Willst du indes die Wallungen der Liebe kennen lernen, solltest du mit deinem Schatz zwei Schritte weitergehen. Der erste Schritt führt euch von der Gewohnheit weg, der zweite aber führt euch zu ihr hin. Denn erst, wenn ihr den Rahmen kennt, der euch ermüdet, könnt ihr ihn verlassen, ohne ihn zu sprengen. Die Spannung dieses Wechselspiels wird zum Spannungsbogen eurer Liebe werden. Versucht sie, seid launisch, verweigert euch und fallt euch in die Arme. Diese Liebe will weit gefächert sein, damit euch auch ein flüchtiger Blick noch überraschen und erhitzen kann.

Gras

Anbandeln: Willst du bei diesem Schätzchen Eindruck machen, solltest du dich an die Formen halten. Vor allem aber solltest du deine eigene Form bewahren. Verberge dich daher nicht, sondern zeige dich mit all deinen Ecken und Kanten. Denn du wirst ohnehin nicht in den Rahmen passen, den dein Herzblatt für sich wählte. Dein eigener Stil aber im Zusammenspiel mit den Konventionen wird ihn überwältigen. Scheue dich daher nicht, Fehler zu begehen, sie verleihen dir Liebreiz. Sei lernwillig und bleibe dennoch unangepasst. Schließlich gibst du mit deiner Geschichte eine Farbe ins Bild, die bislang fehlte. Und so dürft ihr euch gegenseitig in eure Welten einweihen, um eine gemeinsame Welt zu entdecken. Ihr werdet euch bald darauf auf einem anderen Planeten wiederfinden und beginnen, das Buch der Liebe neu zu lesen. Letztlich aber wird es eure Handschrift sein, von der das Happy End kündet.

Verbandelt: Ein stilles Drängen nach Schönheit, Tiefe und inniger Liebe beherrscht euch. Es ist ein zweischneidiges Schwert, das ihr da leichthin führt. Einerseits vermag es eure Zweisamkeit zu stärken, andererseits könnte es auch dieselbe Klinge sein, mit der ihr den trennenden Schnitt ausführt. Denn was euch aus verborgener Tiefe zu berauschender Einigkeit drängt, verschattet auch den Blick. Mit ihm aber wird, was euch schmückt und eure Liebe krönt, blass erscheinen. Und ihr werdet polieren wollen, was längst strahlt, und dabei den Glanz stumpf reiben. Bescheidenheit ist also die Tugend, die es hier zu pflegen gilt. Verliert ihr nämlich das Gefühl für die kleinen Gesten der Liebe, verliert ihr euch zugleich aus den Augen. Tiefe Liebe misst sich weniger an ihren Höhepunkten als an der Kunst, miteinander ihrem stillen Drang zu lauschen.

Gras

Anbandeln: Es ist zu schön, um wahr zu sein. Und eben dies ist dein Problem. Würdest du dir deine Romanze etwas weniger romantisch ausmalen, rücktest du der Wahrheit ein gutes Stück näher. Chancen hast du nicht in Wolkenkuckucksheim, sondern nur auf festem Boden. Es ist ein gewöhnlicher Mensch, den du vor dir hast, und kein verwunschener Prinz. Wach auf, und wirb um ihn. Umschwärmst du ihn bloß, bleibst du eine Eintagsfliege, die in der Flamme, die sie anzieht, verglüht. Bleibst du indes kühl, auch wenn dir das Herz bis zum Hals schlägt, machst du dich interessant. Doch verberge dein Interesse nicht. Suche das Gespräch und frage deinen Schatz aus. Auf diesem Boden findet ihr Gemeinsamkeiten. Entdeckt ihr erst, wie gut ihr zueinander passt, werdet ihr euch in einer ganz anderen Weise füreinander erwärmen, als du es dir erträumtest. So stiftet ihr den Grundstein für eine beneidenswerte Liebschaft.

Verbandelt: Würdet ihr euch auch noch endgültig über die Rollenverteilung in eurer Beziehung einig, hättet ihr das Haus eurer Liebe vollendet und dürftet den Schlüssel an brave Mieter weiterreichen. Also seid damit zufrieden, dass euch trotz aller Mühe nicht gelingen wird, was euch nicht bestimmt ist. Und so werdet ihr euch weiterhin die Zügel gegenseitig aus der Hand winden. Was euch im Alltag durchaus angenehm ist, sollte euch die Zweisamkeit nicht vergällen. Einigt euch daher darauf, euch seltener um die Leine zu reißen und sie dafür einander öfter in die Hand zu legen. Jedenfalls kennt ihr euch zu gut, um nicht zu wissen, wann die Stärke des einen zum Vorteil des anderen ist. Hier aber findet ihr die Flächen, an denen es für euch weit angenehmer ist, sich warm zu reiben. – Es ist an der Zeit, dass ihr lernt, von Herzen über euch zu lachen.

Gras

Anbandeln: Du fragst das Orakel nach deinem Liebesglück, obgleich du dir sicher bist, dass deine Träume wahr werden? Was aber ist es, was dich in deiner Sicherheit verunsichert? Magst du dein Glück nicht fassen? Fürchtest du die Enttäuschung? Oder scheint dir bei so viel Gegenliebe das Werben so reizlos, dass du gar um den Reiz künftiger Zweisamkeit fürchtest? Ist es letzteres, so sei getröstet: Was du jetzt an Reiz vermisst, wird dir zigmal vergolten werden. Mit dem ersten Kuss werden sich die beiden Schicksalsfäden, die sich hier verweben, zu einem unlösbaren Knoten schlingen. Es wird die wahre Liebe sein, mögen sie auch Neider als Hörigkeit bezeichnen. Hast du indes Zweifel an deinem Glück, wirst du diese ebenso wenig wie dein Glück abschütteln können. Sie werden dir zum Schatten werden. Noch kannst du ihnen fliehen; doch nur um den Preis, dass dein Herz erkaltet, weil du diese Liebe nie vergessen wirst.

Verbandelt: Du weißt, ihr seid ein Herz und eine Seele, und ebenso weißt du tief in deinem Herzen, dass sich daran nichts ändern wird. Ihr seid euch treu und harmoniert in seltener Weise miteinander, und jeden Morgen steigt die Sonne eurer Liebe in vollem Glanz über den Horizont. Eure Zweisamkeit ist ein immerwährender Lenz. Und doch befragst du das Orakel. Ist dir deine Liebe so sehr Gewohnheit, dass du ihr Maß nicht mehr spürst? Frage dich, wann du zuletzt dankbar warst für das Glück, das dir zuteil wurde. Übe dich darin, und du wirst sehen, wie es dir warm ums Herz wird. Doch mache aus dieser Übung keine Gewohnheit. Und vergiss nicht bei aller Harmonie, dir selbst treu zu bleiben, nur so bleibst du ein Partner für diese Liebe. Als solcher aber wirst du weiter um diese Liebe streiten und die süßen Rituale des Werbens alltäglich neu erfinden.

Gras

Anbandeln: Lass dich nur ja nicht beschwatzen; denn hebt dieses Liebchen erst mal zu erzählen an, wird es noch beim Küssen plappern. Warum auch soll es dir erzählen, wie gut ihr zueinander passt? Das weißt du ohnehin, sonst würdest du es nicht begehren. Also gib dich am besten ein wenig verquer. Zeige dich launisch und überdreht, damit es dich betrachtet und nicht die Bilder, die es von dir hat. Solange du den Takt schlägst, wird es munter tanzen und sich nicht wie Mehltau auf dich legen. Denn Vorsicht, mit ihm hast du einen Schatz, der die Gemütlichkeit noch lieber als die Liebe hat. Darum musst du dich um seine Treue auch nicht sorgen und auch nicht fürchten, dass er sich um die deine sorgt. Bleibst du in Bewegung, hast du hier einen sicheren Hafen. Was also willst du mehr, solange du noch unentschlossen bist? Noch bleibt mit ihm die Liebe eher ein Wägen als eine Herzensangelegenheit.

Verbandelt: Eure Liebe sehnt sich nach einem starken Ungewitter, denn Abwechslung tut ihr bitter Not. Ihr seid so herrlich eingefahren, dass ihr euch bald in eurer Spur verlieren werdet. Die Lust ist lustig, die Liebe warm, der Alltag blau; da vergisst man leicht, dass man sich liebt, und ist erstaunt, wenn man sich doch auseinander liebt. Es wäre jammerschade, wenn ihr nicht noch zuvor das Staunen lerntet. Denn was ihr aneinander habt, werdet ihr kein zweites Mal mehr finden. Blickt also auf euch, seht euch zu beim Liebesspiel, seht euch morgens Kaffee trinken und hört euch zu, wenn der Abend lang und still wird. Reizt euch euer Blick zum Lachen, wisst ihr auch, wie eure Liebe wieder heiter wird. Graut euch indes, werdet ihr ebenso grauenhafte Vorsätze schmieden, um eure Liebe aufzuspießen. Gut, wer sich in Liebe streiten mag!

Gras

Anbandeln: Bist du eine Frau, dann solltest du artig die Augen niederschlagen. Bist du ein Mann, dann darfst du ihre Aufmerksamkeit mit einem Strauß Blumen wecken. Falls du dich auf diese Etikette nicht verstehst, solltest du sie schleunigst lernen. Geht dir das bereits jetzt schon gegen den Strich, so musst du weder weiterlesen noch dich um diesen Schatz bemühen. Denn dieses Herzblatt hält an den alten Regeln fest. Zum einen, weil es sie tatsächlich schätzt, zum anderen aber, weil es gerne über die Stränge schlägt. Es gibt sich ebenso höfisch, wie es ein Querkopf ist. Alltägliches verabscheut es und pflegt doch die Rituale des Alltags. Es ist der personifizierte Widerspruch. Kannst du damit etwas anfangen, dann solltest du schleunigst mit ihm etwas anfangen, um mit und neben ihm ein verrücktes Abenteuer zu durchleben.

Verbandelt: Ihr führt euch gegenseitig hinters Licht, solange ihr das Spiel so weiter führt, als wäre nichts geschehen. Nein, das, an das du denkst, muss weder geschehen noch entdeckt worden sein! Dafür sieh hin, was mit euch geschehen ist. Ihr seid ein Paar mit einer Geschichte geworden, das seine Geschichte leugnet. Ihr wollt nicht wahrhaben, wie ihr euch verändert habt und wie die Zeit auch eure Liebe wandelte. Gleichwohl ist es immer noch Liebe. Ihr seid zusammengewachsen und habt euch zugleich ein Stück entfremdet. Jetzt hättet ihr Gelegenheit, euch wieder kennen zu lernen. Nein, schaut nicht auf eure Schwächen, die kennt ihr zu gut. Ihr habt euch auch zum Vorteil verändert, ihn sollt ihr entdecken. Denn er allein ist der Grund, auf dem ihr weiter wachsen könnt. In ihm keimt die Saat eurer Liebe. Sie wird milder sein, doch ihre Blüte duftet nicht weniger betörend. Ihr seid reif, diesen Duft zu schätzen!

Gras

Anbandeln: Am besten, du lässt dir gleich zur ersten Verabredung von deinem Herzblatt einen Bankauszug vorlegen. Damit ersparst du dir langwierige Grübeleien darüber, was Sprücheklopferei und was Wirklichkeit ist. Doch da solchem Vorgehen kein Erfolg beschieden ist, wirst du wieder auf Gediegenheit achten und dir mit geübtem Griff statt einem Schatz eine weitere Buchhalterseele für dein Fotoalbum wählen. Versuch doch einmal, den nächsten Gaul von hinten aufzuzäumen. Erkundige dich vorher still und leise, ehe du auf ihn hereinfällst. Es könnte dann aber auch geschehen, dass dir jemand in die Quere kommt, der dein Konzept gänzlich durcheinanderwirbelt. Wenn du dir dann den Kopf verdrehen lässt, wird er verdreht bleiben. Jedenfalls wird dir der erträumte dicke Fisch nicht an die Angel gehen. Und solange du davon nicht ablässt, darfst du weiter mit anderen Anglern dein Anglerlatein pflegen.

Verbandelt: Die meisten Beziehungen zerbrechen nicht an Untreue, sondern an Langeweile und Zahnpastatuben. Zumindest an Langeweile wird euer Glück nicht scheitern. Ja, eure Beziehung ist viel zu lebhaft, als dass man an ein Scheitern denken könnte. Im Großen seid ihr euch so einig, wie ihr im Kleinen zerstritten seid. Gebt es auf, eure unterschiedlichen Temperamente plan zu reiben. Besinnt euch statt dessen ganz auf eure Einigkeit, damit euch eure Uneinigkeit zum Vergnügen werden kann. Ihr werdet sehen, wie die Liebe sich zur Nachsicht wandelt, sobald ihr euch um des gemeinsamen Gutes wegen eint. Dieses Gut mag euer Konto sein. Noch wertvoller indes scheint euer geistiges Gut. Hier könnt ihr Brücken schlagen, von denen ihr amüsiert in die Niederungen des Alltags blickt und euch als herzensgute Freunde über die diversen Blessierchen austauscht.

Anbandeln: Mädchen dürfen hoffen, Jungen dürfen warten. Dies ist die Stunde der Frauen, Männer zu überraschen. Spielen beide Teile mit, wird ihnen eine süße Melange serviert. Wählen die Damen nicht, werden die Herren nicht tanzen. Lassen sich die Herren nicht bitten, haben sie die Damen zu Feinden. Liebeslust weht durch die Luft, die Stimmung ist gelöst, man ist bereit für ein Techtelmechtel und liegt doch in merkwürdiger Weise auf der Lauer. Bist du eine Dame, solltest du dich diesmal in die Brust werfen und deinen Schatz fixieren. Lässt er sich damit nicht aus der Reserve locken, darfst du ihn vergessen. Bist du ein Mann, solltest du dich umwerben lassen und dich ihr erst in dem Moment zuwenden, in dem sich der Zug der Enttäuschung um ihre Lippen legen möchte. Regst du dich zu früh, hast du sie verloren. – Liebe für Laszive!

Verbandelt: Bist du zufrieden, klagst du und bist unzufrieden, weil du zufrieden bist. Zufriedenheit ist weder Glück noch Unglück, sondern stille Sattheit. Du aber bist gesättigt und hast dennoch Hunger. Siehst du dich indes an anderen Tischen, hast du keinen Appetit. Vom eigenen Herd schmeckt es dir scheinbar doch am besten. Was ihr euch auftischt, richtest du jedoch ebenso wie dein Partner an. Somit liegt es auch an dir, etwas mehr Würze an die Gerichte zu geben. Besser noch, du naschst nur noch von dem, was dir schmeckt. Am Ende aber wird derjenige, der zuerst seinen Teller von sich schiebt, für das Mahl sorgen müssen, um die Unentschlossenheit zu beenden. Meint ihr dagegen, ihr könnt beide gleichzeitig im selben Kessel rühren, werdet ihr euch gemeinsam den Brei verderben. Somit liegt es nun in deiner Hand, ob du demnächst satt wirst oder dich der Hunger doch noch aus dem Hause treiben wird.

Gras

Anbandeln: Du fragst dich, ob dein ausgewählter Schatz dich lieben und dir treu sein wird und ob ihr gar ein Paar werdet. Doch stelle keine dieser Fragen, solange du nicht von ihm geküsst wurdest. Erst wenn ihr zusammen aufwacht, wirst du wissen, ob es sich lohnt, vom Orakel eine Antwort auf diese Fragen zu erbitten. Ob es sich aber lohnt, dies überhaupt herauszufinden, wirst du wissen, wenn dein Herz schneller schlägt, sobald dein Blick den seinen kreuzt, und du erschauerst, sobald seine Hand dich berührt. Bleibst du lau, musst du dich nicht räkeln, um dich von ihm verwöhnen zu lassen. Denn ob so oder so, dich zu verwöhnen, wäre ihm die höchste Freude. Und so magst du am Ende trotz alledem diese Freude mit ihm teilen. Doch ohne Feuer deinerseits wird diese Freude einseitig bleiben. Dafür wirst du in einem Netz zappeln, in das du zwar spielend hineingerietst, aber nur schwer wieder hinausfinden wirst.

Verbandelt: Erinnere dich: Der Zauber eurer Liebe bestand darin, zu teilen. Die Liebe, die Lust, das Leben habt ihr miteinander geteilt und wolltet einander in guten wie in schlechten Zeiten beistehen. Betrachte angesichts deiner Frage, ob dieses Versprechen noch gilt. Ist es wertlos, so ist auch deine Frage ohne Wert. Besitzt es noch seine Gültigkeit, so merke dir: Seid ihr oben, wird es wieder ein Stück nach unten gehen, ebenso wie umgekehrt. Legt deshalb die Köpfe aneinander und lauscht euren Gedanken. Tauscht sie so lange aus, bis kein eigener Gedanke mehr im eigenen Kopf ist. Gelingt dies euch, weißt du, dass eure Liebe noch voller Zauber ist. Nehmt euch in den Arm und schaut euch in die Augen, und wenn ihr euch sogleich küssen müsst, weißt du, dass deine Frage töricht war. Magst du diesen Spruch bejahen, so hast du jetzt einen Grund, vor Glück zu lachen.

Rot

Anbandeln: Frage weder nach Liebe noch Treue, frage nach der Lust allein. Suchst du das sinnliche Vergnügen, wird es dir mit diesem Liebchen gewährt. Ihr werdet Gipfel um Gipfel erklimmen, und jeder Absturz aus höchster Höhe wird euch zum Grund für neue Höhenflüge. Hierbei wirst du dich ungeahnte Grenzen überschreiten sehen. Doch kaum hineingeschmeckt, wirst du schon nach der nächsten Grenze fiebern, die es zu übertreten gilt. Dieses Fieber wird dich nicht mehr loslassen. Du wirst dabei dich selbst und deinen Schatz nicht mehr kennen und durch die Fremde wie ein Dürstender durch die Wüste irren. Doch es wird nur ein Windhauch sein, der die Türen, die du aufgestoßen hast, mit einem Male wieder zuschlägt. Dann aber wirst du mit dir und deinen Erinnerungen allein sein. Und nur, wenn du dich in diesem Taumel nicht verleugnet hast, darfst du verwundert und gewandelt auf schöne Erinnerungen zurückblicken.

Verbandelt: Die Zeichen stehen auf Sturm. Fragst du das Orakel für dich, rät es dir: Setz dich durch! Fragt ihr es gemeinsam, rät es euch: Einigt euch! Setzt euch ein gemeinsames Ziel, das ihr erreichen wollt. Es sollte ein Ziel sein, das außerhalb eurer Reichweite liegt, nur dann steht ihr vor einer Aufgabe, an der ihr euch messen könnt. Nehmt dieses Ziel ernst. Ihr könnt an ihm gemeinsam scheitern, doch keiner von euch sollte es für sich alleine aufgeben. Akzeptiert ihr diese Regeln, dürft ihr beginnen. Weitere Regeln solltet ihr euch nicht geben, denn während des Spiels werden sich die Regeln eures Zusammenseins ein ums andere Mal verkehren. Seid ihr indes ohne Idee, so nehmt euch kurzerhand vor, Millionäre zu werden, und es werden euch lohnendere Ziele einfallen. Doch vergiss bei alledem nicht, was dir allein das Orakel riet: Setze dich durch!

Anbandeln: Du hast dir dieses Herzblatt in den Kopf gesetzt und nichts kann dich davon abhalten, es zu erobern. Somit bleiben dir nur zwei schier unausweichliche Möglichkeiten, entweder wirst du dein Glück erzwingen oder dir eine abgrundtiefe Enttäuschung bereiten. Womit du bei Licht besehen mit dir alleine streitest. Das Ziel deiner Wünsche aber rückt dabei als Mittel zum Zweck zunehmend in den Hintergrund. Das Teuflischste, was dir also geschehen kann, ist, dass du dein Herzblatt und dein Glück eroberst. Denn was du damit gewonnen hast, wird keine Liebe sein, sondern lediglich ein Triumph. Es wird dein stilles Glück sein, dich an seiner Seite zu sehen, doch es wird niemals ein gemeinsames Glück werden. Siehst du das ein, vermagst du deinen inneren Zwiestreit aufzugeben – und aus dir heraus liebenswert und offen für ein Liebesglück werden, das dir ganz unverdient in den Schoß fallen wird.

Verbandelt: Weder du noch er noch ihr beide wisst, was ihr eigentlich wollt. Also sagt es euch das Orakel noch einmal ganz schlicht: Ihr wollt euch lieb haben, einander in die Arme nehmen und nie wieder streiten. Schön, so tut es, nehmt euch in die Arme und habt euch lieb. Und falls ihr nie wieder streiten wollt, sagt euch gleich Ade. Ein anderer Weg wäre jedoch der bedenkenswertere: Denkt über eure Art zu streiten nach. Findet Regeln für euren Zwist und haltet sie auch ein. Denkt auch darüber nach, über was ihr streitet. Harmonie lässt sich nicht erstreiten, nur weil man nach ihr süchtig ist. Wer wie ihr einem Ideal zustrebt, wird sich immer im Schatten seines Verlangens finden. Begreift daher eure Zweisamkeit als ein Kunststück, das ihr beide inszeniert. Mit diesem Verständnis aber könnt ihr euch zu wahren Liebeskünstlern wandeln.

Anbandeln: Du willst dich mit dieser Eroberung schmücken, doch verlieben willst du dich in sie nicht. Darum rede dir auch keine Liebe ein. Solch falsche Gefühle würden dich nur daran hindern, Schluss zu machen, sobald diese Liebelei an Reiz verliert. Darum frage auch nicht nach der Treue deines Liebchens. Ist es dir treu, schmückt es dich noch mehr, ist es dir untreu, wird es dich nicht kränken. Du würdest ihm den Laufpass nur früher als geplant geben. Dies allein würde dich kränken. Im Grunde könntest du diesen Fisch, sobald du ihn an der Angel hast, gleich wieder ins kalte Wasser werfen. Du wüsstest dann, dass du ihn hättest haben können, wenn du nur gewollt hättest. Außerdem bliebe dir noch der Triumph, sein eingebildetes Mütchen gekühlt zu haben. Zudem könntest du dir so den schalen Nachgeschmack ersparen. Bedenke dies, denn dein Tun wird in Amors Augen zum Stein des Anstoßes werden, ob er dir einen Liebespfeil zusendet oder nicht.

Verbandelt: Es ist eine schäbige Kiste, in der ihr beide sitzt. Zeigt daher nicht mit den Fingern aufeinander. Ihr beide habt sie so heruntergewirtschaftet. Darum versucht auch nicht zu reparieren, was ohnehin auseinander fallen wird. Steigt aus, packt eure sieben Sachen und macht euch davon. Es ist höchste Zeit für euch, diesem Zustand sein billiges Ende zu bereiten. Dazu müsst ihr euch keinen schalen Wein einschenken. Macht es kurz und schmerzlos – und mit Anstand. Dann dürft ihr zum Schluss ebenso einen Höhepunkt feiern wie einst zum Anfang. Ihr seid es euch beide schuldig, diese Zeit nicht zu verdammen. Falls du aus diesem Spruch gelesen hast, dass du das Band lösen solltest, darfst du dich fragen, ob du dies aus der Furcht davor oder aus dem Willen dazu heraus gedeutet hast. Denn was du gedeutet hast, steht allenfalls zwischen den Zeilen.

Rot

Anbandeln: Soll es eine Liebe werden, musst du ein wenig gegen den Stachel locken, dann wirst du rasch feststellen, ob ihr euch mit euren Ecken und Kanten auch zusammenfügt. Jedenfalls ist dein Herzblatt nicht minder eigen als du. Ob die Liebe allerdings über einen Sommer reicht, ist, auch wenn ihr euch schön fügt, längst nicht ausgemacht. Schließlich genügt den frisch Verliebten auch eine Schütte Stroh, solange sie die Liebe deckt. Misst du indes den Raum, den dein Schatz dir noch lässt, wirst du es vor der Zeit noch wissen. Überhaupt wird es ein Wiegen und Messen sein, dass diese Liebelei begleitet. Es wird ein lebhaftes Zusammenraufen sein, und ihr werdet euch streckenweise gebärden wie ein altes Paar. Willst du das durchstehen, solltest du wissen, wieso du dich darauf einlässt, ansonsten wird dir diese Erfahrung ohne Nutzen sein.

Verbandelt: Liebt euch für die Galerie. Mit dem Beifall fällt euch auch die Illusion der Liebe wieder zu. Greift sie auf und träumt sie fort. Gelingt es euch, ist noch nichts verloren. Damit daraus aber ein Gewinn wird, müsst ihr beide von eurem Ross absteigen. Denn nur auf üblicher Augenhöhe könnt ihr Verträge schließen. Und ein Vertrag tut Not, damit ihr wieder eine Perspektive habt. Es wird ein neuer Anfang sein, den ihr gemeinsam wagt. Lauscht ihr mit den ersten Schritten auf eure Herzen, werdet ihr es deutlich vernehmen, ob euch die wahre Liebe folgt. Ist es so, dann schreitet hurtig weiter und sie wird euch einholen. Nehmt sie darauf in eure Mitte und blickt nicht mehr zurück, damit die alten Schatten euch nicht übermannen. Es wird ein langer Weg sein, den ihr beschreitet. Bleiben indes eure Herzen kalt, ist es vernünftiger, wenn ihr an der nächsten Weggabelung eurer eigenen Wege zieht.

Anbandeln: Du hast gute Gründe, mit erhobener Nase zu diesem Stelldichein zu gehen. Hoffentlich hast du dich auch dieser Haltung entsprechend zurecht gemacht, damit man dir glaubt, was du darstellen möchtest. Bedenke auch, wer seine Nase hebt, kann nur von oben herab geküsst werden, darum senke sie im rechten Augenblick. Du weißt auch, dass nicht jeder den Mut hat, sich einen stolzen Schatz an seine Seite zu wünschen. Vornehmlich sind es die Frechen, die Schnösel und die Gecken, die es wagen. Du solltest sie deshalb von den stolzen Edlen unterscheiden, die du suchst. Aber auch diese solltest du wiederum zu sieben verstehen, denn was du suchst, sind nicht die fahlen Höflinge, die Söhne und Töchter, sondern die Verletzlichen und Feinfühligen, die ihre zarte Seele hinter der Maske des Stolzes verbergen. Deshalb wirst du viele Male »Nein« sagen müssen, bis du deine Lippen endlich zum Kusse senken darfst.

Verbandelt: Es rumpelt und rappelt im Karton und ihr fallt übereinander und untereinander, holt euch Blessuren und drückt euch zur unrechten Zeit. Haltet ihr jedoch einmal inne, werdet ihr womöglich merken, dass nicht ihr es seid, die den Karton schütteln und euch herumpurzeln lassen. Es sind die vielen falschen Freunde um euch, die euch das Leben schwer machen. Sie sind es, die euch die Liebe ausreden und mit verlogenen Schmeicheleien auseinander locken. Ahnt ihr es, habt ihr eine schwere Zeit vor euch. Nur wenn ihr beide auch dasselbe seht, könnt ihr euch aus den vermaledeiten Kreisen lösen. Doch es ist ein steiniger Weg, der vom Ahnen zum Sehen führt. Ziellos werdet ihr in trüben Wolken über eine Kette wüster Zerwürfnisse wandern. Verzagt nicht, selbst wenn es kalt wird. Wärmt euch aneinander, und der Himmel wird aufreißen!

Rot

Anbandeln: Nimm dir diesen Schatz, sofern du ein Opfer brauchst, an dem du dich erhöhen kannst, er wird dankbar dafür sein. Als Gegenleistung wird er dir schmachtend und klagend die Ohren vollheulen und wie ein geprügeltes Hündchen an deinem Rockzipfel hängen, dass es eine wahre Freude ist. Und du wirst dich dieser Freude nicht mehr erwehren können. Oder bist es gar du, der diesen Tropf abgibt? Nun, so groß wird der Unterschied nicht sein, denn sei's so oder so, auch du hast deine Gründe zu schmachten und zu klagen. Womit sich Tropf und Tröpfchen gefunden hätten. Kannst du dies ebenso locker sehen, musst du dich nicht fürchten, sondern wirst geheilt aus diesem Techtelmechtel entlassen werden. Mangelt es dir indes an Unbekümmertheit, wird aus dem Spiel eine Höllenfahrt werden. Aber vielleicht findest du gerade dies so teuflisch scharf? Ach ja, und die Liebe: Liebe ist auch, was man dafür hält. Hab deinen Spaß daran!

Verbandelt: Es ist die wahre Lust, die Lust, die ihr euch bereitet. Du kannst damit nichts anfangen? Dann solltest du aber schleunigst anfangen, dass es so wird. Schließlich schläft in euren Federn eure Liebe. Du hast keine Lust dazu? Dann solltest du ein wenig von der Lust naschen, denn mit der Lust geht stets die Lust einher. Du hast auch dazu keine Lust? Dann packe dich in die Watte der Harmonie. Sie wird das Leben und die Liebe von dir fern halten, und du wirst schrecklich nach beidem dürsten. Und ist auch das nicht nach deinem Geschmack, so suche den Streit. Schließlich kann Versöhnung auch eine sinnliche Angelegenheit sein. Jedenfalls vermag kein Gewitter so kräftig zu sein, die euch verschmelzende Hitze abzukühlen. Hast du deine Zweifel daran, so suche die Einsamkeit: Du wirst dich in der heißesten aller Wüsten wieder finden.

Rot

Anbandeln: In der Wirklichkeit wird dieser Film nicht so ablaufen, wie du ihn dir in deinem Kämmerlein zurecht drehtest. Denn du hast es hier nicht mit einer Marionette zu tun, die sich von dir bewegen lässt, wie es dir gefällt. Es sei denn, du spielst die Puppe in seiner Hand und glaubst dazu, dass du es bist, die an den Fäden zieht. Du siehst, es ist keine einfache Partie, auf die du dich einlassen wirst. Ihr werdet euch ebenso suchen, wie ihr euch fliehen wollt. Doch es ist nicht das Spiel verliebten Zusammenraufens, das ihr da in Szene setzt, sondern das gefährliche Spiel rastloser Leidenschaften, an dessen Ende, sofern es gut ausgeht, ihr euch gegenseitig aus den Händen fressen dürft. Doch geht der Schuss daneben, wirst es womöglich du alleine sein, dem dieses Schicksal blüht. Darum bleibe auch Beobachter des Spiels. Nur so wirst du dich erinnern, wo du dich verloren hast.

Verbandelt: Rot ist die Liebe, die Leidenschaft und der Streit. Rot scheint eure Lieblingsfarbe zu sein. Nur scheint ihr euch nicht einigen zu wollen, welcher Eigenschaft die Farbe gelten soll. Zu selten setzt ihr beide die Farbe auf den selben Fleck. Dabei wäre es doch so einfach, sofern ihr nur auf die Zeichen des anderen achtetet und euch ein wenig darauf einstelltet. Jedoch sollte ein jeder von euch auch willens sein, seine Einstellung zu revidieren und nicht den anderen unter seinen Pantoffel zwingen. Ihr könnt es, und habt es euch oft genug bewiesen. Doch macht nicht den Fehler, die heile Welt zu zelebrieren. Ihr würdet euch nur die Luft nehmen und vor Langeweile ersticken oder euch mit Harmonie bekriegen, seid ihr euch doch so wenig gleich wie Apfel und Birne. Tragt ihr dies, wird euch Rot statt zum Niedergang zur Farbe der Liebe werden.

Rot

Anbandeln: Wartest du darauf, dass du angesprochen wirst, darfst du vielen Stimmen dein Ohr leihen und wirst doch nicht den richtigen Ton hören. Gehst du los, um deinen Schatz anzusprechen, musst du mit vielen Zungen sprechen, bis du von ihm gehört wirst. Dies wird kein Flirt wie aus dem Bilderbuch werden, sondern ein lautes Buhlen und Werben. Allerdings solltest du aufpassen, dass du deinen Balztanz nicht vor dem falschen Täubchen drehst. Willst du wissen, wer zu dir passt, dann blicke auf jene, die du meidest. Es sind nicht die, die du nicht beachtest, sondern jene, vor denen du scheust, da sie dir unerreichbar scheinen. Um sie zu bezirzen, sollte dich nicht dein fehlender Mut, sondern deine Furcht begleiten. Sie legt dir passende Worte in und ein bezauberndes Lächeln um den Mund. Und ihr beide werdet nicht wissen, wie es euch geschieht.

Verbandelt: Es könnte ein Glück für euch sein, wenn du es zulässt. Wer, wenn nicht du, sollte den ersten Schritt wagen? Gehst du auf deinen Schatz zu, wird er dir gleichfalls entgegenkommen. Ihr werdet euch in die Arme fliegen – und was dann? Werdet ihr euch in die Augen schauen können? Werdet ihr euch küssen wollen? Oder werdet ihr wie Kinder zu plappern beginnen und alles in Grund und Boden reden? Weißt du es? Nein, du kannst es nicht wissen, solange du es nicht wieder und wieder versuchst. Ihr seid zu unberechenbar, als dass ihr euch selbst einschätzen könntet. Es ist ein Zug, der euch aneinander bindet und euch ebenso aneinander verzweifeln lässt. Dieser Zug aber macht auch müde, und wenn dies geschieht, wird es auch um euch geschehen sein. Darum solltet ihr, sobald ihr euch in der Mitte trefft, damit beginnen, diesen Zug zu kultivieren. Nur legt ihn nicht ab, er macht euch beide auch einzigartig.

Feuer

Anbandeln: Du glaubst, du gehst auf Freiersfüßen und darfst unter den Schönsten der Schönen wählen, dabei hat dir das Schicksal gar keine Wahl gelassen. Ganz unverhofft wird ein Schätzchen deine Wege kreuzen, dir lächelnd in die Augen blicken, und schon wird es um dich geschehen sein. So einfach wird es sein, dich zu entflammen. Allerdings wird dieses Schätzchen das angefachte Feuer nicht stillen wollen. Du aber wirst die Welt und die Liebe nicht mehr verstehen, liebeskrank wirst du in deine Kissen weinen. Dafür wird ein Tröster kommen, um dich zu trösten, wo du trostlos bist. Doch er wird nicht locker lassen und sich verrenken, um dich wieder aufzuheitern. Hat er sich schließlich beide Beine herausgerissen, wird er dir endlich ein erstes Lächeln abringen. Dieses Lächeln aber wird der Beginn einer wunderbaren Romanze sein.

Verbandelt: Mit deinem Versuch, frischen Wind in deine Beziehung zu bringen, wirst du offene Türen einrennen. Doch da die Fenster nicht geschlossen sind, wird es dich gleich wieder zu ihnen hinauswehen. Anstatt in einem zweiten Versuch ebenso ins Leere zu laufen, ziehst du dich besser zurück, auf dass du umworben wirst. Inszeniere deinen Rückzug mit großem Getöse, ansonsten könnte er womöglich übersehen werden. Lasse alsdann deinen Schatz wie ein hungriges Kätzchen an deiner Türe kratzen, nur öffne sie nicht zu früh. Erst wenn es herzerweichend zu maunzen beginnt, darfst du dich seiner erbarmen. Kraule deinem Schatz den Kopf, spiel ihm dazu dein Lied und lasse ihn nach deiner Pfeife tanzen. Mit Speck fängt man Mäuse und mit Lust die Liebe. Fordere ihn und geize nicht mit deiner Sinnlichkeit. Doch bleibe streng bei deiner Melodie. Nur so vermeidest du, dass die alte Leier von vorn beginnt.

Feuer

Anbandeln: Falls es mit diesem Liebchen etwas werden soll, müsst ihr euch im wahren Sinne des Wortes riechen können. Du musst ihm also schon sehr nahe rücken, um zu schnuppern, ob es der richtige Schatz ist, zu dem du dich legen möchtest. Ist es der falsche Duft, so flattere wie ein Schmetterling rasch zur nächsten Blume. Man wird dich bemerken und sich dir zuneigen und dir die Auswahl erleichtern. Sitzt du schließlich an der richtigen Blüte, so bleibe dennoch flatterhaft. Gib dich neckisch, tändle mit dem erwählten Schatz. Umschwirre ihn, auf dass du ihm nah und doch auch fern erscheinst. Er wird sich den Kopf nach dir verdrehen und toll und toller werden. Hast du ihn schließlich restlos verwirrt, darfst du ihn erlösen, um seine Prinzessin oder ihr Prinz zu sein. Doch wehe, dein Näschen hat dich getäuscht, dann wird dir für lange Weile ein übler Geruch anhängen!

Verbandelt: In eurer Hexenküche brodelt es, dass es eine wahre Lust und Liebe ist. Also schiebe noch ein paar Scheite nach, damit die Flammen noch höher schlagen und lass den Alltag Alltag sein, er ist nur der böse Wind, der die Glut verbläst und das Feuer des Streites in eure Herzen trägt. Das ist zwar leichter gesagt als getan, doch wenn du dir nicht diese Mühe machst, werden die bösen statt der guten Geister in deine Hexenküche einziehen. Begreife also, dass du in zwei Welten lebst: Die eine ist hart und frostig und die andere lieblich und warm. Vermagst du beide Welten strikt auseinander zu halten, wird sich deine Frage nicht mehr stellen. Dafür solltest du dir ein goldenes Tor errichten, durch das du unbehelligt von der einen auf die andere Seite wechseln kannst. Die Bausteine für dieses Tor sind Liebe, Liebe und Vernunft. Bewahre die Reihenfolge!

Anbandeln: Bist du dir ganz sicher, dass dies dein Schatz sein soll? Dass nur er es ist, mit dem du glücklich wirst und gar dein Leben teilen möchtest? Oder ist es nicht eher so, dass du ihn nur erobern willst, um dich eine Zeit lang mit ihm zu amüsieren? Sagst du zu Letzterem ja, wirst du dich köstlich und womöglich endlos amüsieren. Bejahst du hingegen Ersteres, wirst du über kleinlichen Zwist am Ende gar das Vergnügen vergessen und einmal mehr eine Liebe zerrieben haben. Warum also mit dem ersten Kuss besiegeln, was noch nach tausend Küssen fleht? Es gibt weder Zapfenstreich noch Tore, die sich schließen. Liebe kennt und will keine Zeit. Also fang noch einmal von vorne an. Blicke, lächle, rede. Das ist der erste Schritt. Tändle, umarme, küsse, das ist kein weiterer Schritt, sondern Liebelei und, wenn du Glück hast, der Anfang einer Liebe.

Verbandelt: Es soll ja Paare geben, die schlafen sich durch sämtliche Positionen des Kamasutras und erachten solchen Sport auch noch als den Gipfel der Sinnlichkeit. Nun, euch genügte auch eine einzige Position, um alle Sinnesfreuden des Kamasutras bis zur Neige zu kosten. Es stimmt und funkt so gründlich zwischen euch, dass es euch eigentlich unheimlich sein müsste. Wäre da nicht jene unheimliche Zeit zwischen Sonnenauf- und untergang, in der ihr euch wie feindliche Buchhalter belauert und akribisch die Fehlbeträge des anderen notiert. Ein seltsamer Ausgleich, dem ihr da frönt. Glaubt nur nicht, ihr könntet euch auf diese Weise das vollkommene Glück in den Alltag hineinrechnen. Ihr werdet euch am Ende nur auseinander lieben. Womit ihr euch dann zu den wenigen Paaren zählen dürft, die ihre äffische Liebe trennte. Darum der Rat: Macht euch die Nacht zum Tage und den Tag zur Nacht.

Feuer

Anbandeln: Dir wird das Herz überlaufen und du wirst munter drauflos plaudern und dabei das schönste Blau vom Himmel lügen. Nur gut, dass es Nacht ist und der Mond die Liebenden beschützt. Doch mit der aufgehenden Sonne wird dein Liebchen erkennen, dass dein Himmel nicht so blau ist, wie du ihn herunter gelogen hast. Du hingegen plapperst munter weiter und fügst der ersten Peinlichkeit noch weitere hinzu. Sollte aber nun dein Liebchen deinen Mund mit einem Kuss verschließen und so deine Erklärungen ersticken, so weißt du, dass du in ihm ein Kleinod hast, dass du nicht wieder aus der Hand geben solltest. Ob aber jenes Liebchen, das du da im Auge hast, ein solches Kleinod ist, siehst du ihm nicht an der Nasenspitze an. Du kannst es also nur beschwatzen und ihm dabei so tief in die Augen blicken, bis du seine Seele siehst.

Verbandelt: Ihr redet mit gespaltenen Zungen aufeinander ein, als wolltet ihr euch gegenseitig ein wertvolles Grundstück abschwatzen. Dabei sitzt ihr euch wie Falschspieler gegenüber, die beide mehrere Asse im Ärmel haben. Ihr traut euch nicht und seid nicht ehrlich zueinander. Und doch weiß ein jeder, dass er belogen wird. Dabei wäre es ein Leichtes für euch, euch eure Schwächen einzugestehen, sind sie doch ohnehin von gleicher Art. Doch bevor ihr jetzt den Mund aufmacht und sagt, was ihr im nächsten Augenblick bereut, schweigt lieber, und deckt den Mantel des Vergessens darüber. Die Wahrheit wie die Lüge sind der Liebe Tod. Die Liebe will nur Liebe. Könnt ihr euch dann in Liebe eure Schwächen eingestehen, werdet ihr euch etwas anderes erzählen, als euch auf der Zunge lag. Dadurch aber stiftet ihr jenes Vertrauen, das es euch erlaubt, die falschen Asse lächelnd auf den Tisch zu legen.

Feuer

Anbandeln: Versuche doch mit einer Bekanntschaftsanzeige, das passende Liebchen zu finden. Da kannst du dir mit deinem Text ein Herzblatt malen. Und wenn du nicht gar zu strenge Bedingungen stellst, hast du die Wahl unter einer hübschen Schar von Freiern und musst nicht über ausbleibende Rendezvous klagen. Rasch wirst du auf schöne und schreckliche, reizvolle und öde Treffen zurückblicken und dich gleichwohl rundum amüsieren. Vor allem aber solltest du auch rundum blicken, denn das Herzblatt, das dir Amor zur Seite stellen möchte, findest du nicht unter den Bewerbern. Es wird der Freund des Freundes sein, der dir ins Auge fällt. Bist du keck genug, wirst du ganz harmlos eine Gelegenheit herbeiführen, bei der ihr miteinander turteln könnt. Schnäbele heftig, nur dann vermagst du das Täubchen auch auf Dauer aus seinem gemachten Nest zu locken. Doch traue ihm nicht, denn es lernt erst durch dich das Fliegen!

Verbandelt: Und wieder ist es der Alltag, und wieder ist es der Streit um des Kaisers Bart, der euch die Stimmung vermiest. Und doch ist das nur die halbe Wahrheit. Du bist zu sanftmütig und zu nachgiebig und zeigst deinem Schatz zu spät die Schranken auf. Dein Schatz hält es nicht anders, nur hältst du sein Verhalten für Gleichgültigkeit. Nicht anders aber sieht es dein Schatz bei dir. Tragt Ihr indes eure Leidenschaft in den Tag hinein und zeigt euch besitzergreifend, eifersüchtig und launenhaft, werden die Missverständnisse sich auflösen. Dafür aber werdet ihr auf einer Basis streiten, die ihr beide gut versteht. Bekennt ihr euch zu eurer Unduldsamkeit, werdet ihr euch dulden lernen. Ihr werdet zu zwei wilden Wassern werden, die sich zu einem reißenden Fluss vereinen. Mit großer Lust werdet ihr Landschaften verwüsten und neue Lande formen.

Feuer

Anbandeln: Willst du vorab wissen, ob dein Schwarm ein guter Liebhaber ist, solltest du mit ihm fein essen gehen. An dem, was und wie er isst, darfst du dir dann deine eigenen Gedanken machen. Allerdings wirst auch du dich beim Mahl verraten, darum wähle die dir angemessene Lokalität. Doch noch mehr als die Manieren werden es die Tischgespräche sein, die dir die Sinne verdrehen. Später wirst du nicht mehr zu unterscheiden wissen, ob es seine Worte oder Streicheleien waren, die dich betörten. Stehst du indes unverzaubert von der Tafel auf, solltest du auf weiter gehende Versuche verzichten, seine Sinnlichkeit zu ergründen. Süßeres als das gemeinsame Dessert wird dir nicht geboten werden. Solltest du aber Geschmack auf mehr bekommen, wirst du es sein, der sich aufs Glatteis begibt. Du wirst in Sphären schlittern, von denen du bis heute noch keine blasse Ahnung hattest.

Verbandelt: Diese Liebe liegt sich wund auf harten Liegen. Darum achtet darauf, dass ihr euch weiterhin weich bettet. Arrangiert die Fülle! Da sich freilich nicht jedermann auf Rosen betten kann, liegt die Kunst des Wohlergehens im Talent, Anspruch, Wirklichkeit und Vermögen mit einander zu verbinden. Zufriedenheit mit dem, was ihr habt, ist dagegen nur billiger Trug. Das aber, was ihr habt, euch aufs Angenehmste einzurichten, ist edler Liebesdienst. Durch eure Leidenschaft nährt ihr die Sinnlichkeit fürs Miteinander, und durch sie speist ihr wiederum die Lust an eurer Zweisamkeit. Eure Liebe ist Reiz und Freude für alle Sinne. Zelebriert euch, und ihr werdet aneinander niemals müde werden. Kostet einander, und ihr werdet mit vielen Zungen schmecken. Träumt miteinander, und eure Seelen werden sich juchzend vermischen. – Wer sich ein Kind wünscht, darf sich eine Wiege aufstellen!

Feuer

Anbandeln: Solange du nicht leiden willst, kannst du deine Frage vergessen. An dieser Liebe sollst du leiden. Du wirst an ihrem Anfang leiden, weil du sie festhalten und formen willst. Sie ist ein Traum und soll sich deinen Träumen fügen, doch sie fügt sich nicht. Du wirst an ihrem Ende leiden, weil du mit gebrochenem Herzen zurückbleiben wirst. Dazwischen aber wird sie die Liebe deines Lebens sein. Der Himmel wird sich auf die Erde senken und euch beide aufnehmen. Du wirst schweben vor Glück und die Zeit vergessen. Es ist die Liebe für die Ewigkeit. Solange du nicht danach fragst, wie lange eine Ewigkeit währt, wirst du unbeschwert bleiben. Doch stellst du dir diese Frage, packst du dir eine Last auf, die dich aus dem Himmel der Liebe stürzt. – Hast du Scheu vor diesem Spruch, wird dieser Stern, während du schläfst, an dir vorüberziehen.

Verbandelt: Pack schlägt sich, Pack verträgt sich, mag denken, wer euch zusieht. Und in der Tat, bei euch geht es drunter und drüber, gleichwohl hat es auf lange Sicht Struktur und Ziel. Mit Lust und Laune schlagt ihr über die Stränge, missachtet jede Vernunft und Überlegung, um euch alsbald wieder an die Kandare zu nehmen und aus dem kreativen Chaos, das ihr angerichtet habt, wieder Nägel mit Köpfen zu schmieden. So wechselt eure Umgebung ebenso rasch, wie ihr euch verwechselt und neu erfindet. Wenigstens in der Veränderung seid ihr beständig. Andererseits geschieht das Wechselspiel, dem ihr mit ebensolcher Lust wie Laune frönt, nicht im Gleichtakt, weshalb ihr euch öfters fremd als vertraut seid. So dürft ihr euch zwar immer wieder neu entdecken, müsst euch aber auch stets aufs Neue zusammenraufen. Bleibt ihr dabei, werdet ihr zusammen alt – und ruhiger – und bleibt trotzdem noch für Überraschungen gut.

Feuer

Anbandeln: Du fragst dich, ob dies ein Schatz fürs Leben wäre. Er ist es. Ob er allerdings der Schatz für dein Leben ist, liegt daran, ob du den Mut hast, dich mit ihm zu wandeln. Willst du es? Sage nicht ja, sondern frage dich, was du für ihn aufgeben würdest. Wärst du bereit, alles aufzugeben, würdest du am Ende auch deine Liebe aufgeben und bliebst verloren zurück. Willst du nichts aufgeben, hättest du keinen Platz für diesen Schatz. Willst du aber ihn, und nur ihn, wirst du dich, je näher du ihm rückst, von Dingen lösen, die dir wertvoll waren. Du wirst dir eine Welt schaffen, in der du lernst, für zwei zu denken. Es wird nicht deine, sondern eure Welt sein. Diese Welt aber wird steinige Wüsten und verwunschene Gärten haben. Ihr werdet beides hegen müssen, um sie zu erhalten. Schau deinem Schatz in die Augen und frage ihn, ob er dasselbe will.

Verbandelt: Es gibt noch eine Welt außerhalb eurer Zweisamkeit. Auch wenn ihr abwinkt, sollte euch diese Tatsache eine Mahnung sein, den Blick über euren engen Kreis zu wagen. Ansonsten könnte es geschehen, dass ihr eure Liebe mit eurer Liebe erdrückt. Irgendwann nämlich wird ein jeder von euch jede Regung des anderen kennen. Dann aber werdet ihr euch nicht mehr kennen, sondern nur noch die bekannten Bilder in eurem Gegenüber sehen. Von da an wird die Liebe hohl, und ihr werdet zu schwach sein, um ihr erneut Inhalt zu geben. Denkt also darüber nach, was eure Liebe ausmacht. Beobachtet, wie ihr euch ergänzt und einander zu einem Größeren verbindet. Betrachtet, wie ihr verschieden seid und wie ihr aus der Verschiedenheit ein Ganzes formt. Benennt es und verneint es. Denn was ihr heute gesehen habt, hat morgen keine Gültigkeit mehr. Diese Liebe will sich jeden Morgen neu erfinden!

Silber

Anbandeln: Es scheint, dass sich statt einer Liebelei eher eine Katastrophe anbahnt. Da spulen sich die schönsten Schnulzen in deinem Kopf ab, es ist Kitschkino, ein Festival des Liebesfilms. Doch du sitzt nicht im Dunkeln, sondern stehst im Licht, und da wirkt es eher jämmerlich, wie du versuchst, nach Drehbuch vorzugehen. Mache jetzt nicht den zweiten Fehler und schäme dich nicht in Grund und Boden, sondern wirf die einstudierte Rolle mit einer lässigen Geste ab, als wäre es nur ein köstlicher Versuch, sich dümmer anzustellen, als man ist. Und dann sage nicht mehr als nötig und nicht weniger als wahr ist, sage: »ich liebe dich«. Das ist das ganze Geheimnis, und schon wandelt sich das Herz deines Schwarms zum Herz deines Schatzes. Lässt du dann noch verträumte Leichtigkeit in dein Gemüt einziehen, wirst du über Wolken schreiten und alle Liebesschnulzen vergessen haben.

Verbandelt: Ihr macht euch das Leben schwerer als es ist. Recht habt ihr, schließlich ist Liebe ein kostbares Gut und somit eine bierernste Angelegenheit. Da geht man nicht leichtfertig damit um, sondern studiert sie, plant und verwaltet sie und lauscht dem Rat der Experten. Liebe will erarbeitet sein. Hat man sie sich schließlich verdient, ist man redlich erschöpft und so ganz und gar nicht verliebt. Nein, was ihr euch da zurechtstrickt, mag als Kurs für liebliche Freundschaft noch angehen, eine Liebesbeziehung aber wird so niemals daraus. Fragt euch also, wovor ihr Angst habt. Ist es Angst vor der Liebe, vor euren Träumen? Oder habt ihr gar Angst, euch mit Leidenschaft zu lieben, weil ihr Angst vor dem Scheitern habt? Macht ihr so weiter, lebt ihr weiter nebeneinander her, ohne zu wissen, warum. – Wagt die Unvernunft, und ergötzt euch am Chaos.

Silber

Anbandeln: Fragst du, ob dein Schatz dir treu ist, antwortet dir das Orakel, dass du ihn betrügen wirst. Fragst du, ob er dich liebt, antwortet es, dass dein Herz weit ist. Fragst du, wann die Leidenschaft erwacht, so antwortet es, dass du lau bist. Was immer du in deinem Schatz suchst, du wirst es bei dir selbst finden. Lässt du dich also auf dieses Techtelmechtel ein, wirst du wie einst Narziss in den Spiegel blicken und dich in dich selbst verlieben. Und diese Liebe wird so innig sein, dass du alles um dich herum vergessen wirst. Nur wirst du nicht wie Narziss dahinschwinden, sondern in voller Pracht erblühen. Willst du, dass diesem Frühling ein nächster folgt, solltest du Wurzeln schlagen. Dabei wirst du spüren, wie sich eure Wurzeln ineinander verschlingen. In solcher Weise gegenseitig Halt bietend und findend, darfst du dir neue Fragen stellen.

Verbandelt: Eure Zweisamkeit ist euch zur Zuflucht geworden, zur Stätte der Entspannung fernab der Wirren des Alltags. Ihr seid eifrig dabei, euch diesen Rückzug immer wohliger zu gestalten. Hierdurch pflegt ihr euer Miteinander ebenso, wie ihr euer Auseinander kultiviert. So könnt ihr vor euch selbst als auch vor allen anderen den schönen Schein wahren. Grundsätzlich mag daran nichts verkehrt sein. Verkehrt wird es erst, wenn diese charmante Lüge als Lüge enttarnt wird. Bewahrt euch deshalb den Glauben an eure heile Welt, indem ihr ihn nicht hinterfragt. Nur so bleibt ihr selig, und nur so erweist ihr euch den Liebesdienst, durch den ihr eurer Liebe die Liebe vorgaukelt. Sehe dies nicht als Hohn! Ihr liebt euch tatsächlich, auch wenn sich eure Liebe gewandelt hat. Bewahrt sie euch, indem ihr sie nicht mit den Schatten eurer Gewissen belastet. Als Dank wird sie eure Gewissen wieder erhellen.

Silber

Anbandeln: Suchst du einen Kumpel zum Pferdestehlen – bitte schön, schnapp ihn dir. Brauchst du einen Partner, um ein Geschäft zu gründen – keine Bange, hier ist er. Wünschst du dir einen Liebhaber, der dir den Schlaf raubt – gerne, dein Wunsch sei dir gegönnt. Dieser Schatz aber ist nicht der Herzensbrecher, den du dir gerne backen würdest. Liebe ist etwas anderes als freundschaftliches Verständnis. Und doch wird es dir mit ihm warm ums Herz werden. Es scheint so handfest und so zuverlässig, was sich da entwickelt. Doch bedenke, dass dich diese Gediegenheit auch bindet, und ehe du dich versiehst, findest du dich in Verpflichtungen, die dir den Blick verstellen. Darum hoffe nicht darauf, dass du zweigleisig fahren kannst. Überlege dir deine Schritte gut! Sind sie nicht dein Weg, wirst du doppelt so viele zurückzugehen haben.

Verbandelt: Die Nächte werden kalt und die Tage grau sein. Wohl dem, der Vorsorge traf, er wird sich warm zudecken und seine Stube wohlig heizen. Hast du vorgesorgt, wirst auch du diese trübe Zeit durchstehen. Sobald die Tage wieder heller werden, wirst du reicher sein als zuvor. Du wirst wissen, dass du das Richtige getan hast, und wirst das Vergangene zu deinen Gunsten deuten. Alsdann wirst du dein Gesicht der Sonne zuwenden und vergessen, was gewesen ist. Allein ihr goldener Schein wird zählen. Und da du nun weißt, was dich erwartet, solltest du Pflöcke setzen, damit du deinen Weg nicht verlierst. Es wird dein Weg und nicht euer Weg sein. Vergiss dies nicht! Nur dann vermag sich die Deutung dieses Spruches zu wandeln. Es wird ein langsamer Wandel sein, gilt es doch viele Fäden zu einem Seil zu winden. Ist es aber gewunden, magst du entscheiden, wessen Hände mit den deinen am selben Seilende ziehen sollen.

Silber

Anbandeln: Lasse deine Träume in der Nacht, sie werden dir bei dieser Liebelei nichts nützen. Soll doch, was Amor dir zugedacht hat, zu einem viel schöneren Traum werden. Doch um diesen Traum zu leben, solltest du sehr wach sein. Denn du wirst ihn nur träumen dürfen, wenn du ihn auch wirklich willst. Das bedeutet, dass du um deinen Schatz kämpfen musst. Dabei streitest du nicht gegen andere Konkurrenten, sondern um sein Interesse an dir. Bedenke also, wie du ihn überzeugst, dass du allein die erste Wahl bist. Verbinde dann die Waffen der Liebe mit denen des Verstandes. Zeige dich von deiner schönsten Seite; stelle ihm so nach, dass er an Schicksalsfügungen glaubt; wähle gesprächige Orte für ein Stelldichein, damit die Liebe Ausdruck findet; lasse ihm zutragen, was er an dir haben wird; und behalte auch beim Küssen die Oberhand.

Verbandelt: Sucht euch eine gemeinsame Aufgabe, an der ihr scheitern müsst, so vermeidet ihr, an einer bedeutenderen Niederlage zu lernen. Nach dieser Erfahrung werdet ihr es aufgeben, weiterhin zu versuchen, Öl und Wasser zu vermischen. Jedenfalls wird das, an dem ihr euch aufreibt, niemals eine dauerhafte Emulsion ergeben. Ihr vergeudet nur eure Kraft, während Geist und Seele stumpf werden. Dabei sind Scharfsinnigkeit gepaart mit Sinnlichkeit die Temperamente, die euch beleben. Weckt sie wieder, doch sucht sie nicht auf ausgetretenen Pfaden. Macht dies auch nicht zu eurer Aufgabe. Euer Hang zur Perfektion und euer Wille, Schwierigstes zu meistern, würde nur erdrücken, was sich leichthin regen will. Was euch erwartet, ist eine unbekannte Dimension. Verschließt euch ihr also nicht mit Erwartungen. Nur solange ihr unbefangen und neugierig bleibt, dürft ihr den nächsten Frühling besingen.

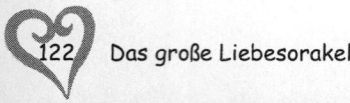

Silber

Anbandeln: Was fragst du nach dem Schatz, den du am Arm hast, wenn deine Augen längst auf der Jagd nach einem anderen sind. Das, was du hast, hast du, solange es dir gefällt. Das, was du nicht hast, wirst du solange nicht haben, wie du ungesellig bist. Und es wird eine schöne Gesellschaft sein, in die du dich da begeben könntest. Du blickst von außen in die erleuchtete Stube und siehst lauter schöne Menschen lachen. Dein Blick ist voll Trauer und Begehrlichkeit. Mit ihm schließt du dich aus und nährst zugleich dein Verlangen. Und so wirst du die Türe aufstoßen und dich tummeln. Und du wirst dabei sein und zugleich fern sein, denn du wirst merken, dass es nicht anders ist als zuvor: Du hast einen Schatz am Arm, und deine Augen werden wieder jagen. Also wirst du durch die Türe gehen, durch die du gekommen bist und dich bei deinem Schatz unterhaken.

Verbandelt: Frage nicht, was du tun sollst, sondern denke dir ein hübsches Spiel aus und bestimme seine Regeln. Da es ein offenes Spiel sein wird, bleibt auch offen, wer es gewinnen wird. Doch solange es ein ehrliches Spiel ist, habt ihr beide an ihm eure Freude. Deshalb magst du auch ruhig verlieren, am Ende werdet ihr beide gewonnen haben. Festgefahrenes wird sich lösen und wieder in Schwung kommen. Mit der Bewegung wird ein Rad ins andere greifen und es wird sich etliches verschieben. Dabei wird sich auch das Unterste nach oben kehren. Beachte es nur, sofern du in ihm die fehlenden Glieder der Kette siehst, die die Räder eurer Uhr antreibt. Ansonsten blicke auf diesen Tag, er allein zählt. Dieser Tag wird der erste Tag vom Rest eures Glücks sein. Das Feuer, das du jetzt anzündest, wird euch heute wärmen. Und willst du morgen die Glut erneut anfachen, solltest du hierfür heute schon frische Scheite schlagen.

Anbandeln: Diesmal darfst du keine Kompromisse eingehen. Denn lässt du dich mit diesem Schatz ein, wird daraus rasch eine Geschichte werden, die ihr für Dauer anlegen wollt. Darum bleibe, bis du dir sicher bist, hübsch reserviert. Gewiss, die Chemie stimmt, ihr fliegt aufeinander und träumt voneinander. Doch reicht das nicht auf Dauer, sondern allenfalls für das bekannte Lied vom Liebesschmerz. Schau dir deinen Schatz am Morgen an, sieh ihm beim Essen und beim Fernsehen zu und beobachte ihn, sobald er sich allein glaubt. Wenn du ihn hier wie dort und überall so lieb hast, dass dir das Herz aus der Brust fliegen möchte, darfst du dich ihm voll und ganz an den Hals werfen. Doch wehe, es gibt nur eine Kleinigkeit, die dir zuwider ist, dann fliehe, so schnell du kannst, so tauschst du gegen ein langes Weh und Ach nur einen kurzen Schmerz.

Verbandelt: Ist dir deine Frage ernst und hast du sie gut bedacht, so antwortet dir das Orakel: Ja, es ist so, wie du befürchtest oder erhofft hast. Doch hast du damit nichts gewonnen, sofern du es dabei bewenden lässt. Darum verstehe die Antwort als Aufforderung. Forme aus ihr deine Zukunft, die so oder so, stets auch die eure ist. Du stehst allein und bleibst zu zweit. Du willst Veränderung. Doch es wird sich nur etwas ändern, wenn du damit beginnst. Du allein wagst den Schritt. Das Risiko werdet ihr indes beide zu tragen haben. Darum setze den Schritt nur, wenn du auf sicheren und guten Boden trittst. Hierzu brauchst du einen klaren Blick. Vertraue deinem Herz zuletzt. Zwar wird dein Herz dich leiten, doch dein Herz wird dich auch täuschen. Es sind deine Gefühle, die mit dir im Widerstreit liegen. Ob du dich mit ihnen versöhnst, hängt davon ab, ob dein Herz die gegebene Antwort verstehen wollte.

Silber

Anbandeln: Liebe geht auch durch den Magen, weshalb du bei dem Liebchen, bei dem es dir am besten schmeckt, auch am besten liegen wirst. Vorausgesetzt, es schleckt auch deine Töpfe aus. Darum lasse dich von deinem Schwarm bekochen. Er wird den Löffel schwingen und dir den Appetit verderben. Im Gegenzug darfst du ihm die Suppe aus Liebe versalzen. Dir aber wird dies keine Lehre. Und so werdet ihr euch wechselseitig den Appetit verderben, bis eure Zungen nichts mehr schmecken. Und so wirst du weiter durch verkohlte Küchen streifen und an fremden Tischen lustlos in dem Essen stochern. Bleibst du indes weiter streng bei deinen Ansprüchen, wirst du wie ein Magnet die Stecknadel aus dem Heuhaufen an dich ziehen. Habe Geduld, schließlich musst du nur den richtigen Heuhaufen finden. Dann aber darfst du ein lange währendes Strohfeuer entfachen.

Verbandelt: Ihr habt euch aneinander gewöhnt, und die Liebe hat sich an euch gewöhnt. Zwar hätte sie es gerne etwas leidenschaftlicher und ließe sich auch gerne etwas lauter besingen, dafür haltet ihr sie warm und nährt sie mit bedachten Lieblichkeiten. Es ist ein sattes Glück unter milder Sonne, das ihr euch beschert. Doch wer nie Hunger hat, der wird schnell satt beim Essen, und wem weder heiß noch kalt ist, dem scheint alles lau. Es gab Zeiten, da war dies anders, da trieb euch Begehren und Lebenslust einander in die Arme. Versucht euch dieser Gefühle zu erinnern. Gelingt es euch, wird euch Liebessehnen plagen und eure Herzen werden glühen. Gebt euch diesen Gefühlen hin. Mögen sie euch auch albern anmuten und ihr seltsam hölzern sein – sobald ihr sie zu zeigen wagt. Es ist allemal besser, aufeinander zuzustaksen, als verschämt zuzusehen, wie die euch wärmenden Erinnerungen erkalten.

Anbandeln: Fordere keine Liebesgabe, sondern erwarte sie. Wird sie dir nicht gewährt, währt auch diese Liebe nicht. Jedoch können sich deine Erwartungen nur erfüllen, solange du selbst einfühlsam bist. Liebäugeln lässt sich leicht, noch leichter aber fängst du dir damit Kletten ein. Folge deshalb deiner Ahnung, ehe du bereit bist, deinen Blick in andere Augen zu versenken. Nur entdeckst du derzeit kein Augenpaar um dich, in das es sich zu blicken lohnte. Also blicke dich nicht weiter um. Amor will dich an angenehmeren Orten wissen. Wandelst du auf Traumpfaden, wirst du diese finden. Du wirst dir sicher sein, sobald dich Töne und Düfte verzaubern und dir das Herz im Halse schlägt. Hier aber verschleiere deinen Blick, damit du nicht dem erstbesten Blickwechsel erliegst, sondern wählen kannst, von welchem Augenlicht du verzaubert werden möchtest.

Verbandelt: Es ist ein lauschiger Weg, auf dem du wandelst, darum tritt zur Seite und lasse die Sorgen mit Schwung an dir vorbeisausen. Sobald sich das Karussell verlangsamt, magst du wieder aufspringen. Dass sich so manches im Kreise dreht, ist dir nur solange ein Vergnügen, solange es sich um die Liebe dreht und dazu das Lied der Wonne gespielt wird. Doch solltest du darauf achten, jederzeit abspringen zu können, sobald dir die Fahrt zu rasant wird. Bewahre dir also die Möglichkeit des Rückzugs, und falls du sie in der Hitze des Gefechtes unbedacht aufgegeben hast, so richte sie dir schleunigst wieder ein. Andere Veränderungen aber lasse reifen; Übereiltes verlangt nur lästige Korrektur. Und fragst du dich, wo dein Partner in diesem Spruch bleibt, so suche ihn zwischen den Zeilen. Er ist in allem bei dir und steht dir zur Seite, solange du selbst auf festen Füßen stehst. Eure Liebe ist gereift und köstlich.

Anbandeln: Das ist ein Schatz wie aus dem Bilderbuch. Schnapp ihn dir, bevor es andere tun, und du dich auf der Warteliste wiederfindest. Um ihn zu ködern, solltest du dich geheimnisvoll und dunkel geben. Mime die verschlossene Blüte, die es zu öffnen gilt; doch lass dir nicht die Würmer aus der Nase ziehen, allein die Vorstellung davon ist schon unerotisch. Öffne dich, sobald du erkannt und bewundert wirst. Doch sprich nicht von dir, sondern erzähle dich. Du bist der Roman, der gelesen werden möchte, und es ist der Leser, der die Geschichte vorantreibt und sie zu Bildern werden lässt. Du bist die Vorlage, nach der du erschaffen wirst. Beobachte deine Entstehung, es wird ein Abenteuer sein, wie du es noch nicht erlebt hast. Du darfst dich selbst auf zauberhafte Weise neu entdecken. Liebst du, wirst du an diese Geschichte glauben.

Verbandelt: Was bedeutet euch die Nacht? Ist sie der dunkle See, in dem eure Seelen ihre Schatten baden? Ist sie das Reich des Zwielichts, in das euch die Geister locken, um euch zu schrecken und zu versuchen? Ist sie der Zaubergarten, in dem sich eure Liebe zu Verlangen wandelt? Oder ist sie nur die Spanne zwischen zwei Sonnen? Antwortet nicht, sondern spielt miteinander, denkt an die Nacht und lasst euch selbst raten, was ihr dabei im Sinn habt. Spielt das Spiel so lange, bis ihr die eingespielten Rollen ablegt und die Masken lüftet. Es ist an der Zeit, dass ihr euch gegenseitig in eure Geheimnisse einweiht. Lüftet eure Vorhänge und entdeckt die wohligen Schauer des Vertrauens. Seid furchtsam und verletzlich. Es gibt nicht viele Augenblicke solcher Innigkeit. Doch wer sie erlebte, weiß die Zeit zu deuten, zu der sich zwei Seelen zueinander neigen. Zieht gemeinsam einen Kreis, er wird euch beschützen.

Mond

Anbandeln: Am besten, du wärst diesem Schatz nie begegnet, denn egal ob du dich mit ihm einlässt oder nicht, du wirst am Liebeskummer leiden. Also wirf dich ihm so rasch als möglich an den Hals, damit du wenigstens handfeste Gründe hast zu weinen. Mit den Gründen aber werden dir auch Möglichkeiten in die Hand gespielt, ihm gleichermaßen das Herz zu brechen. Im geteilten Leid findest du darauf Erleichterung. Es wird dir sogar so leicht ums Herz werden, dass dein Herz bei deinem Herzensbrecher wieder heilt. Du wirst dich bei ihm so wohl fühlen, dass du dich recht unwohl fühlst. Denn mit jedem Tag spürst du, wie die Bande wachsen, und mit jeder Faser, die ihm zuwächst, meinst du, etwas von dir zu verlieren. Willst du dich wieder wohl fühlen, so beginne das Spiel von vorne. Nur im Unwohlsein bleibt dir die Chance, die Liebe zu lernen.

Verbandelt: Auf zwei Hochzeiten lässt es sich zur selben Zeit schlecht tanzen. Und so bleibst du hin- und hergerissen zwischen dem, was du tun und lassen solltest. Egal, was du lässt, du wirst es bedauern, über die entgangene Gelegenheit klagen und sie im Traum verklären. Diese Träume aber werden dir zu Albträumen, du wirst fiebern und nachholen wollen, was du unterlassen hast. Hole es nicht nach, du würdest nur Abgestandenes nach oben rühren. Stelle dich stattdessen erneut vor die Wahl und bleibe unentschieden, du wirst darauf zwei Träume zu einem fügen. Träume diesen Traum nur eine Nacht und lasse ihn am nächsten Morgen Wirklichkeit werden. Und falls du dann noch Laune hast, darfst du dich in gleicher Weise deiner Partnerschaft annehmen. Schließlich ist deine Beziehung ebenso zerrissen wie dein Begehren und verlangt nach einem Heiltraum. Verweigerst du den Traum, werdet ihr euch auf zwei Hochzeiten wiedersehen.

Mond

Anbandeln: Mit der gleichen Kraft, die dich zu deinem Schwarm zieht, hält dich eine andere von ihm ab. Du weißt von ihm, und willst gleichzeitig nichts wissen. Du hörst von ihm, und willst gleichzeitig nichts hören. Du fühlst dich, als wärst du zwischen Baum und Borke. Kein schlechter Stand, für diesen Fall, so umkreist du deinen Liebling aus sicherer Entfernung und rückst ihm gleichwohl zur Seite. Der Vorteil ist, du musst nichts von dir geben, darfst aber alle Vorzüge der Zweisamkeit kosten. Doch bilde dir nicht ein, dass du ihn in dieser Weise kennen lernen kannst. Solange deine Seele sich nicht in die seine lehnt, werdet ihr kein Paar. Es bleibt Mampe Halb und Halb, feinbitter und ein wenig belebend. Alle Hoffnungen auf mehr darfst du hegen; jedoch haben sie noch keinen festen Grund. Wer sein Herz verlieren will, sollte auch ein Herz haben. Hast du eins, so höre es auch schlagen!

Verbandelt: Habt ihr euch auch daran gewöhnt, dass ab und an die Erde bebt, so steht euch nun ein Beben bevor, das euch wachrütteln wird. Das Unterste wird sich nach oben kehren und ihr seht euch mit Geschehnissen konfrontiert, die ihr euch nicht erklären könnt. Versucht sie auch im neuen Licht nicht zu deuten, sie würden euch nur aus den Händen gleiten. Ihr werdet eure Hände brauchen, um zusammenzuhalten, was auseinander zu fallen droht. Ein festes Band lässt sich nur knüpfen, wenn ihr euer Band aus der Vergangenheit löst. Windet es in die Zukunft hinein. In ihr liegt das Glück, das euch beide anzieht. Schmiedet jedoch keine Pläne, die das Vergangene ausschließen. Solche Pläne würden nur auf dunklem Grund gründen, der das Kommende verschattet. Tragt ein neues Fundament zusammen. Auf ihm soll eure Zukunft entstehen. Für den Anfang genügt der Grundstein. Weitere ungeschlagene Steine werdet ihr alsbald behauen.

Mond

Anbandeln: Willst du deinen Liebling locken, so verwöhne ihn mit Zuckerbrot und Peitsche. Gib dich verliebt. Zeigt er sich darauf butterweich, zeigst du dich abweisend. So schürst du in ihm ein hübsches Feuer. Kurz bevor er zu sieden beginnt, darfst du dich entscheiden, ob du ihn auch wirklich willst. Denn bis dahin hat er sich dir von all seinen Seiten gezeigt. In dieser Weise handelst du dir keine Katze im Sack ein. Allerdings solltest du, falls du dich ihm zuneigen willst, rasant durchstarten, damit du mit dem aufbrausenden Sturm seiner Gefühle mitbrausen kannst. Blieb dagegen bei diesem Spiel dein Herz ebenso kühl wie dein Verstand, wirst du dich in einem Stück wiederfinden, für das du den falschen Text eingeübt hast. Wie also dieses Geplänkel ausgehen wird, steht nicht in den Sternen, sondern von Anfang an in deinem Herzen.

Verbandelt: Du vergleichst Äpfel mit Birnen, und das ist gut so, denn nur dieser Vergleich wird dir auf die Sprünge helfen. Also höre nicht auf die Besserwisser. Selbstverständlich seid ihr abgrundtief verschieden. Bislang war dies für euch kein Hindernis. Warum aber soll dies jetzt anders sein? Lebt euch auseinander, geht eure eigenen Wege, nichts wird sich daran ändern, dass ihr einen gemeinsamen Weg beschreitet. Euer Hass wird euch ebenso aneinander fesseln wie eure Liebe; liebend werdet ihr euch hassen und hassend lieben. Sieh ein, dass du deinem Gefährten nicht entkommst. Sage es ihm, und zeige ihm, dass auch er dir nicht entkommt. Verflucht euch und eure Leidenschaft: ein Ritual, das euch Nüchternheit verschafft. Trainiert euch gegenseitig für die nächste Runde, verratet euch, wo eure schmerzhaften Stellen sitzen und versprecht euch einen fairen Kampf. Es ist alles nur Liebe. Was sonst?

Mond

Anbandeln: Dieser Schatz ist noch kein Schatz, sondern ein widerspenstiges Vögelchen, das sich nicht in deinen Bauer setzen möchte. Also solltest du ihm die Flügel beschneiden, damit es dir zumindest nicht davonflattert. Am ehesten erreichst du das, wenn du ihm den Schneid abkaufst. Sagst du ihm, dass du es nicht liebst, wird es balzen wie ein Täubchen. Sagst du ihm, dass du nicht treu sein wirst, wird es dir folgen wie ein Schoßhündchen. Streichle es dann, und es wird schnurren wie ein Kätzchen. Und sobald es dir genug ist, darfst du tun, was du ihm sagtest. Lass es darauf wissen, was geschah. Die Szene, die dir daraufhin geboten wird, wird dir unvergesslich bleiben. Siehst du dich danach noch an seiner Seite, mag beginnen, was du dir erträumt hast. Allerdings solltest du ihm dann andere reizvolle Dinge versprechen als zuvor.

Verbandelt: Du meinst, es wäre viel schöner, wenn … Andererseits magst du dir ausmalen, was du willst, es wird kaum anders werden. Die Gleise sind eingefahren, und der Zug rollt. Willst du es wirklich anders haben, müsstest du die Notbremse ziehen und auf freier Strecke aussteigen. Dann aber würde alles so gründlich anders, dass du daran wiederum keinen Gefallen fändest. Bequemer ist es freilich, du fährst bis zum nächsten Bahnhof und unterbrichst dort die Reise; schließlich findest du hier auch wieder den passenden Anschluss. Zurück im Zug würdest du die Dinge anders sehen. Die Suppe wäre wieder aus Liebe versalzen und das Haar in ihr wäre nur ein Wimperchen. Sobald sich also dein Unmut legt, darfst du dich fragen, was dir von Mal zu Mal den Blick derart verzehrt. Schaust du dann durch die richtige Brille, magst du fortan zuerst handeln, ehe du blindwütig vom fahrenden Zug springen möchtest.

Mond

Anbandeln: Lass dich nicht vom äußeren Schein blenden. Du hättest auch mit einem Adonis oder einer Venus kein Glück, wenn es ihnen an seelischer Attraktion fehlt. Was du suchst, ist ein Schatz fürs Herz und Bett. Und da das Herz an erster Stelle steht, solltest du dir eine verwandte Seele suchen. Nur mit einem Herzblatt, mit dem du dich auch ohne Worte gut verstehst, kannst du dich nach Herzenslust vergnügen. Doch wo diesen Liebling finden und nicht backen? Da du ihn dort nicht gefunden hast, wo du ihn suchtest, solltest du entweder an einem anderen Ort nach ihm fahnden oder an den selben Ort zurückkehren, nur diesmal unverstellt. Schließlich wird dich die dir verwandte Seele nur finden können, wenn sie dich auch erkennt. Also entkrampfe dich und lasse deinen Schwarm ziehen. Für ihn reicht dir Amor keinen Pfeil aus seinem Köcher.

Verbandelt: Richte an das Orakel keine Fragen, die du selbst nicht gestellt bekommen willst. Ansonsten mache, wozu du Lust und Laune hast. Schau nicht darauf, was euch gut täte, sondern darauf, was dir genehm ist. Auf der anderen Seite wird das ebenso gesehen. Deswegen liegt ihr zwar so manches Mal sehr weit auseinander, aber auch nicht minder häufig sehr eng beisammen. Das ist kein Nebenherleben, sondern eine aufgeklärte Art des Miteinanders. Durch sie schafft ihr euch einen Raum, um aufeinander zuzugehen und euch in seiner Mitte in Freundschaft zu treffen. Dies ist Voraussetzung für die Forderung des Orakels, deine Frage nicht in Lieblosigkeit zu verkehren. Stattdessen verlangt es von euch, es euch in einer Weise wohl zu richten, die ihr beide bejahen könnt. Es ist nicht die Zeit der Klage und des Zwist. Das Glück ist euch hold und will euch verwöhnen. Sucht die irdischen Vergnügen, um eure Liebe zu nähren.

Mond

Anbandeln: Mache dich über deinen Schwarm kundig, ehe du beginnst, dich ins rechte Licht zu rücken. Denn auf was du gerne verzichtest, das sind fade Zeitgenossen, die das Leben ernst und die Liebe streng nehmen. Du willst das Leben lieben und die Liebe genießen. Und da das Leben nicht billig und die Liebe so leicht ist, sollte dein Schatz ein lockeres Händchen haben und ein weites Herz besitzen, und dennoch kein geckenhafter Leichtfuß sein. Blicke mit diesen Wünschen und mit deinem erworbenen Wissen noch einmal auf deinen Schwarm. Findest du ihn dann noch genauso attraktiv wie zuvor, hast du das große Los gezogen, sofern es dir nun deinerseits gelingt, ihn gleichermaßen zu bezaubern. Denn nur wenn du selbst über die Qualitäten verfügst, die du als Mitgift forderst, wirst du wissen, wie man seinesgleichen leichthin um den Finger wickelt.

Verbandelt: Egal, ob du deine Frage aus dem Schatten oder aus dem Licht heraus stellst, die Antwort bleibt sich gleich, ihr liebt euch nach Herzenslust. Gleichwohl werdet ihr euch weiterhin mit Licht verwöhnen und mal mit Schatten auf die Nerven gehen. Überhaupt gleicht eure Beziehung einer Berg- und Talfahrt und ist doch jeden Augenblick herzlich, innig und total verrückt. Und falls du dich schon um etwas sorgen willst, so sorge dich allein darum, dass es weiterhin so munter bleibt. Dafür musst du dir keine vertrackten Spiele ausdenken, es genügt, dass du die Spiele spielst, die ihr schon länger nicht mehr gespielt habt. Denn mit dem Entdecken alter Reize werdet ihr auf neue Reize stoßen, an denen ihr euch vergnügen könnt. Und wenn euch beiden dies nicht genügt, dann solltet ihr endlich damit beginnen, all das auszutauschen, was ihr schon längst vertauschen wolltet. Bleibt wandelbar!

Mond

Anbandeln: Du musst nur mit den Wimpern klimpern und schon wird dein Herzblatt wie Schnee in der Frühlingssonne schmelzen. Das Ergebnis aber wird eine traurige Pfütze sein. Nein, mit der üblichen Anmache wirst du bei ihm keinen Blumentopf gewinnen. Dazu bist du längst zu tief verstrickt im Wirrwarr deiner Gefühle. Also wage die Peinlichkeit und mache ihm geradewegs eine Liebeserklärung. Schwärme ihn an, erzähle ihm von seinen Vorzügen, plaudere von deinen Gefühlen, sei ein Wasserfall, rede, rede, rede dir alles von deinem Herzen. Danach gibt es nur Liebe oder Korb. Solltest du dich also verplappert haben, sei's drum, du wirst dich leichter fühlen. Und der Korb, der dir womöglich gereicht wird, wird dir weniger peinlich als eine Auszeichnung sein. Denn zumindest weißt du nun, dass du im rechten Moment für deine Gefühle werben kannst.

Verbandelt: »Das Leben wäre langweilig, wenn ich dich nicht hätte.« Könnt ihr beide diesen Satz mit gutem Gewissen sagen, habt ihr das richtige Los gezogen. Beginnt ihr indes mit langatmigen Erklärungen, warum die Aussage richtig sei, geht allmählich euer Traum zu Ende. Dies ist der Moment der Wahrheit. Fürchtet ihr ihn, hat eure Furcht Gründe. Benennt sie schnell, noch lässt sich das Schicksal formen. Mit dem Aussprechen werft ihr Ballast ab und werdet diese Klippe gut umschiffen. Seid ihr ohnehin voll Zuversicht, wird euch ein kräftiger Wind gefahrlos auf die offene See tragen. Ein neues Wasser liegt vor euch und will durchkreuzt werden. Auf dieser Fahrt werdet ihr euch noch näher rücken und euch in gänzlich anderer Weise kennen lernen. Lernt daraus, um Stürmen und Flauten zu trotzen, schließlich ist das Schiff eurer Liebe für die weite See und nicht für enge Häfen gezimmert worden.

Wind

Anbandeln: Bei diesem Schatz darfst du ganz in deinem Element sein und dich geben, wie du bist, und wirst sogar verstanden. Alles wird so sein, wie du es dir ausgedacht hast, aber dies wird dir nicht gefallen. Scheint dir doch diese Liebe so ohne Geheimnis zu sein; es bleibt nur zu entdecken, was du längst geahnt hast. Es ist, als mischtest du warmes Wasser mit warmen Wasser. Es bleibt ein laues Miteinander. Erst wenn du dagegen anschwimmst, wirst du merken, dass du von deinem Element nicht nur getragen wirst, sondern dass es dir auch Widerstand bietet. Bleibst du in Bewegung, magst du gar entdecken, dass es sehr wohl noch Geheimnisse besitzt, von denen du nichts wusstest. Es werden deine Fragen sein. – Das alles klingt weniger nach einer Liebelei als nach einem Akt der Reifung. Nichts anderes wird es sein. Für eine kurze Spanne hast du ein Herzblatt, aber für eine lange Zeit einen guten Freund gewonnen.

Verbandelt: Zum wievielten Mal willst du eigentlich diese Beziehung neu erfinden? Spürst du nicht, dass sich deine wiederholten Anfänge aufreihen wie die Perlen eines Rosenkranzes, und du längst ein Paternoster leierst, anstatt den vielbeschworenen neuen Wind wehen zu lassen? Deine Unrast in Ehren, aber eine Liebe lässt sich weder neu erfinden noch mit der Gartenschere zur Blüte zwingen. Sie erblüht nur aus der Stille, darum halte ein. Nur so mag dein Blick auf das zurückfallen, was du in dieser Zweisamkeit lebst. Denn was du für euch planst, planst du in Wirklichkeit für dich allein. Es ist deine Beziehung und nicht die eure, und dass du so agieren kannst, liegt nur daran, dass dein Partner ein Lämmchen ist. Willst du also wirklich neuen Schwung in euren Laden bringen, solltest du den Widerstand der anderen Seite organisieren.

Wind

Anbandeln: Mit Speck fängt man Mäuse und mit Sprüchen und Glitzer flotte Liebhaber. Also putze dich für die Balz, tanze den Reigen und trumpfe auf, wo andere längst zurückstecken, schließlich willst du an der Rampe im Scheinwerferlicht stehen. Doch bleibe bedacht, denn im Schein, durch den du dich erhöhst, willst du rätselhaft und unbenennbar wirken. Doch nützt dir solch hehre Selbstveredelung wenig, wenn du in deiner Wahl wahllos bleibst. Zwar mag dir der Schatz an deiner Seite nur Staffage sein, doch auch auch als Anhängsel sollte er noch deine Aura schmücken. Der auserlesene Geschmack deiner Wahl wird dich also um ein weiteres erhöhen. Hältst du dich an solche Oberflächlichkeiten, musst du keine Verwicklungen fürchten. Doch wehe, du verlierst dein Herz an dein Liebchen, dann wirst du dich zu neuen Sprüchen neu erfinden müssen.

Verbandelt: Klage nicht, schau weder zurück noch in die Zukunft. Jetzt ist dein Schiff am Sinken. Jetzt kannst du das Boot verlassen. Willst du es, so zögere nicht. Doch ebenso kannst du versuchen, das Leck zu dichten. Willst du es, so zögere gleichfalls nicht. Allerdings musst du das Leck auch finden. Hierfür musst du dein Schiff aus dem Wasser heben. Beschwöre dazu alle vier Winde und lasse Blitz und Donner sprechen. Nur wenn dein Wüten die Planken erzittern lässt, magst du erfassen, wo die morschen Stellen liegen, durch die das Wasser dringt. Gemeinsam könnt ihr sie dann mit Pech verschmieren. Freilich solltest du dich auch fragen, was dich drängt, Wind zu säen, während auf der anderen Seite golden Sonnenschein herrscht. Ist es dein Überdruss, oder ist es das sich verlierende Bild von dir, das du in den Augen des anderen siehst? Es ist dein Rumoren und wird dein Heilen sein.

Wind

Anbandeln: Es ist nicht alles Gold, was glänzt. Achte deshalb auf die Kleinigkeiten! Schau deinem Liebsten auf Hände und Schuhe. Folge seinem Blick und lausche seinen Betonungen. Er ist nicht der, als der er sich gibt. Ergründe deshalb lieber jetzt, auf was du dich mit ihm einlässt, ehe es zu spät ist. Du ersparst dir nicht nur eine böse Überraschung, sondern darfst dich noch rechtzeitig und ohne große Szenen zurückziehen. Weißt du aber, was du dir mit ihm einhandelst, solltest du unverzüglich handeln. Denn nur das, was du im frühen Streit klären konntest, wird euch später nicht bedrücken. Ob kurz oder lang, ein Gutes hat dies Techtelmechtel: Da sich dein Liebster bereits verstellt, darfst du mit offenen Karten spielen. Dadurch wirst du unangreifbar und kannst das gebotene Vergnügen uneingeschränkt genießen. Doch schwärme dich nicht in eine Liebe hinein, auch ohne Herz wird der Spaß recht herzlich sein.

Verbandelt: Dass sich die Werte und Wichtigkeiten im Laufe einer Zweisamkeit verschieben, ist so normal und so gewollt, und, wer dies zum Anlass seiner Klage nimmt, stößt zu Recht auf taube Ohren. Doch wer es duldet, dass sich die Liebe zu Hass wandelt und darüber nicht klagen möchte, der will entweder selber leiden oder absonderliche Rache üben. Was ihr beide wollt, scheint euch kaum klar zu sein. Doch dass euer Miteinander längst keine Zweisamkeit mehr ist, müsst ihr euch einander nicht mehr verschweigen; ja dazu müsst ihr euch nicht einmal mehr ein fünftes Rad an den Wagen schrauben. Hättet ihr ein gemeinsames Geschäft zu führen, wäre jedenfalls noch erkennbar, was euch verbindet. So aber bleibt nur zu hoffen, dass euch dieser Spruch absonderlich anmutet und ihr über ihn herzlich lachen müsst. Ist es so, habt ihr gleichwohl einiges zum Geraderücken.

Wind

Anbandeln: Was machst du auf der Pirsch, wenn du niemanden erlegen willst? Willst du deinen Marktwert testen, oder blickst du dich nach einem Schnäppchen um? Beides gute Gründe, sich nicht am neckischen Spiel des Werbens zu beteiligen und sich die ansonsten so schönen Abende zu vermiesen. Und doch hoffst du, dass dir der Zufall Amors Pfeile schickt. Erhoffte Liebe ist jedoch stets auch geplanter Zufall. Also solltest du Amor ein wenig auf die Sprünge helfen. Was du dir vorstellst, ist allerdings zu wertvoll, um ihm auf ausgetretenen Pfaden nachzustellen. Darum gehe besser ins Theater oder an den Flughafen als in eine Diskothek. Jedenfalls bist du klug genug, um zu wissen, dass man zuerst Fährten lesen muss, wenn man reiche Beute machen möchte. Doch bevor du einer Fährte folgst, solltest du klar wissen, was du suchst. Liebe freilich ist es sicher nicht, auch wenn es Liebe werden kann.

Verbandelt: Wie lange seid ihr nun zusammen? Zähle nicht die Tage, Monate und Jahre, sondern zähle das Gefühl von Zeit, das sich bei dir einstellt, sobald du eure Zweisamkeit aus dem Heute überschaust. Will sich kein Gefühl einstellen, weil dir die Zeit so unbedeutend ist, weil es dir scheint, als wäret ihr euch erst gestern zum ersten Mal begegnet, dann wird dir das Orakel nichts weiter sagen, sondern euch beiden gratulieren. Ihr wisst, wie man die Liebe hegt. – Fühlst du indes die Zeit als ein weites Feld, das im Zwielicht der schrägen Sonne steht, solltest du dich fragen, wo du heute stehst. Denn du wirst keinen einzigen verlorenen Tag zurückgewinnen, nur weil du ihn morgen besser leben willst. Nur wenn du deine Einsamkeit, die auch die Einsamkeit deines Partners ist, überwindest, mag es gelingen, dass sich die Zeit für euch verflüchtigt.

Wind

Anbandeln: Ihr werdet euch mögen und euch gefallen, doch wirklich zueinander finden werdet ihr nur, wenn ihr über etliche Höhen und Tiefen gewandert seid. Verwechsle dies nicht mit dem üblichen Akt des Zusammenraufens. Dies steht euch ohnehin bevor, ehe ihr überhaupt mit eurer Wanderung beginnen könnt. Verfolge diese kritische Näherung aufmerksam, sie erlaubt dir einen leisen Vorgeschmack auf das, was ihr euch an Wechselbädern noch bieten werdet. Hat dich das Gebotene bereits hier schon zur Verzweiflung gebracht, solltest du den nächstbesten Grund zum Anlass nehmen, das Weite zu suchen. Bleibt ihr aber über den Tag hinaus ein Paar, habt ihr beide eine Ahnung von der aufkeimenden Liebe. Auf der Suche nach ihr werdet ihr Welten einstürzen und neu errichten, bis ihr letztendlich in eurer gemeinsamen Welt Heimat und Liebe findet.

Verbandelt: Solange ihr euch an anderen messt, messt ihr euch am falschen Maß. Die Vorbilder, die ihr findet, taugen nur für fadenscheinige Erklärungen. Eurer Zweisamkeit werden sie jedenfalls nicht gerecht, ja sie wirken gar zersetzend auf sie. Das mag von Vorteil sein, um ruhigen Gewissens auseinander zu gehen, doch steht auch das für euch nicht an. Meidet darum solch vergleichendes Gift. Müsst ihr euch schon messen, so messt euch an euch selbst, denn ihr allein seid das Maß eurer Dinge. Doch sollt ihr deswegen nicht eitel werden, sondern nur einen Ansporn sehen, euch eurer Besonderheit bewusst zu werden. Sie ist das eigentliche Band, das euch verbindet. Es schützt euch und gewährt euch die traute Zweisamkeit auf eurer Insel. Bleibt extravagant. Pflegt eure Leidenschaften und eure Spleens. Mag man auch mit dem Finger auf euch zeigen, so bleibt ihr doch zwei Blüten, die man voll Bewunderung betrachtet.

Wind

Anbandeln: Verlasse deine Träume, verlasse deine Einsamkeit, stürme hinaus in die Welt und fliege deinem Herzblatt geradewegs in die Arme. Ihr seid Himmel und Hölle, ihr seid Feuer und Wasser, Heiß und Kalt, ihr seid geradewegs füreinander geschaffen. Arm in Arm seid ihr das Paar, das die Götter lieben und beschützen werden, denn eure Zweisamkeit wird eine Einsamkeit sein, die Himmel und Erde versöhnt. Du siehst, dir ist ein Glück beschieden, das dich verwandeln wird. Nun lasse dich verwandeln und fliehe nicht aus Furcht, du könntest dich in der Liebe so weit verlieren, dass du dich selbst, bis zur Unkenntlichkeit verloren, nicht mehr finden kannst. Du wirst es und wirst es nicht tun. Diese Liebe will dich verwandeln, ohne dich zu beschränken. Glaubst du an diesen Zauber, wirst du auch auf den ersten Blick erkennen, ob du dem richtigen Schatz in die Augen schaust.

Verbandelt: Willst du dich beklagen, so beklagst du deine Klaglosigkeit. Verschließe also deinen Mund und biete deine Lippen zum Kuss. Und drängt dich dein Temperament trotzdem zu sprechen, so sprich rasch aus, was dich bedrückt. Es wird auf fruchtbaren Boden fallen und mit Küssen besiegelt werden. Eine solch lebendige Partnerschaft wie die eure sollte ausgestellt werden. Lasst euch deshalb nicht erzählen, was für euch richtig ist, denn richtig ist für euch von allem etwas. Man nehme je eine Prise Harmonie, Gegensatz, Ergänzung, Leidenschaft, Konflikt, Gemeinsamkeit und Eigenwillen, verrühre das Ganze gut, schmecke es mit Liebe ab und kredenze es im goldenen Kelch der Liebe. Das ist das Rezept, das euch zusammenhält. Ihr seid und bleibt eine verkehrte Welt in einer verkehrten Welt. Bewahrt euch einzig und allein die Neugier aufeinander. Sie erlaubt es, euch jeden Tag neu kennen und lieben zu lernen.

Wind

Anbandeln: Wer dich sieht, könnte meinen, du hättest schon lange nicht mehr geflirtet, so unbeholfen wirkst du dabei, deinem Schwarm den Kopf zu verdrehen. Auch er wird das erkennen und dich allenfalls für putzig halten, sich aber deshalb deinetwegen nicht den Kopf verdrehen. Darum übe schleunigst einen flotteren Balztanz ein. Deine Angst, dir einen Korb zu holen, ist dabei nur die selbstgezimmerte Hürde, über die du in diese Liebelei springen musst. Dein Motto darf deshalb nur lauten: Alles oder nichts. Doch nur wenn du ehrlichen Herzens verlieren kannst, vermagst du auch mit ganzem Herzen zu gewinnen. Nimm daher dieses Werben sportlich und wetteifere um den Sieg. Springe über die Schatten deiner Furcht. Gib dich stürmisch. Es ist ein Spiel, mehr nicht. Gewinnst du es, wird es freilich nicht nur eine Liebelei sein, die du gewinnst.

Verbandelt: Wind kann von vielerlei Art sein. Es gibt Lüftchen und Stürme, warme und kalte Winde. Wind kann Segen und Unheil bringen, wir kennen viele Worte für Wind. Eure Liebe ist von so vielerlei Art wie der Wind. Sie mag lieblich säuseln, sobald euch erkennend das Herz überfließt, und sie mag zum verheerenden Orkan werden, sobald ihr einander dem erkannten Bild widersprecht. Es ist das altbekannte Lied der Liebe, die am Alltag verblasst und zur Schonung in samtenen Herzen aufbewahrt wird, um an spärlichen Sonntagen wieder ans Licht gezogen zu werden. Solche Liebe ist windstill. Einst verdursteten Seefahrer in Flauten, obgleich um sie herum ein Meer voll Wasser war. Denkt über die Arten der Winde nach. Es ist ein Nachdenken über die Luft und die Liebe. Noch weht euch ein angenehmes Lüftchen, doch die großen leidenschaftlichen Stürme sind schon längere Zeit ausgeblieben. Zeit für Wetterwechsel!

Wind

Anbandeln: Hast du noch Luft zum Atmen, bist du bereits verloren. Dieser Flirt ist nichts für Halbherzige, Taktierer, Abstauber oder Überflieger. Atemlos sollst du sein, überwältigt will dich Amor sehen, ehe er für dich mit seinem Bogen auf deinen Liebsten zielt. Wahrhaft göttlich also muss dein Verlangen nach diesem Goldstück sein. Nur wenn du selbst rasend bist, vermagst du in seinem Herz einen ähnlichen Sturm der Gefühle auszulösen. Du bist die Hexe, der Magier, der das Elixier der Liebe braut. Du wirst es sein, der den Schatz verzaubert. Doch du wirst es nicht sein, der den Funken der Liebe in seinem Herzen anfacht, auf dass er zur lodernden Flamme wird. Solche Funken schlagen nur die Götter. Du wirst ihn sehen, sobald seine Augen zu leuchten beginnen. Dies wird für dich der Augenblick sein, tief Atem zu holen und mit einem langen Kuss die Glut kräftig zur lodernden Flamme zu blasen.

Verbandelt: Liebe ist tyrannisch. Liebe ist göttlich. Liebe ist die blanke Unvernunft. Darum frage nicht wie ein Ingenieur. Verwirf deine Pläne, verwirf den guten Rat, den man dir gab. Höre auf dein Herz und lasse es sprechen. Nur dann mag deine Zunge die Worte formen, die das Band zwischen euch beleben. Sage nicht, es sei so lebendig wie ehedem. Ehedem war gestern, Liebe aber wirkt nur heute. Heute sollst du dich erklären. Heute sollst du um die Liebe buhlen. Heute sollst du dich verlieben. Sage nicht, du hättest heute keine Zeit, die Liebe wartet nicht auf morgen. Suche nicht nach großen Gesten, wahre Liebe scheut den Pomp. Es sind die kleinen unbedachten Dinge, die die Liebe nähren. Darum denke nicht darüber nach, was dir das Orakel rät. Lass dagegen dein Herz die Zeilen lesen, es allein lässt dich tyrannisch und göttlich unvernünftig sein.

Purpur

Anbandeln: Dein Schwarm gibt sich scheu. Darum zeige du dich etwas energischer, ansonsten glaubt man dir dein Interesse nicht. Solche Ungläubigkeit ist aber auch ein gutes Mittel, dich an der Nase zu führen, was wiederum ein nettes Spiel für dein Herzblatt wäre. Liebt es doch das Munkeln beinahe mehr als die lichte Zweisamkeit. Je mehr Ungewissheit du deshalb zulässt, umso weniger wirst du deinem Schatz näher rücken. Am Ende aber würdest du das Band der Freundschaft und nicht das Band der Liebe in deinen Händen halten. Du siehst, du hast es hier mit einer hübsch verpackten und verschachtelten Liebelei zu tun. Darum denke an Weihnachten und die Art und Weise, wie du am liebsten deine Geschenke auspackst. Nicht anders solltest du auch hier zu Gange sein. Wähle also eine Methode, die dir liegt und die dich zumindest an Weihnachten zum Ziel bringt.

Verbandelt: Ihr habt euch eingerichtet und die Grenzen innen wie außen abgesteckt. So seid ihr zu Verwaltern eurer Partnerschaft geworden. Allerdings lässt sich eine Firma nur schwerlich von zwei Direktoren leiten. Ihr aber versteht euch darin ganz gut. Ihr merkt euch, wo ihr nachgegeben habt, um zu anderer Gelegenheit den Ausgleich einzufordern. Ihr wisst, wo ihr zuviel genommen habt, und seid bereit, an anderer Stelle zurückzutreten. Und so tragt ihr in euren Herzen lange Listen, die verzeichnen, was euch die Liebe ist. Man mag zweifeln, ob dies noch Liebe sei; zweifelsohne aber ist es Partnerschaft. Solch ausgewogenes Miteinander muss freilich kein schlechter Rahmen für die Liebe sein. Es mag die Liebe der Gewohnheit sein; sie ist weder laut noch stürmisch, dafür kann sie ungewöhnlich behaglich sein. Und so spricht nichts dagegen, dass ihr es euch künftig noch behaglicher einrichtet.

Purpur

Anbandeln: Neue Liebe, neuer Schwung. Hängst du dich an diesen Schwarm, wirst auch du wieder auf Trab kommen. Binnen Tagen wirst du dich verändern, dich neu frisieren und verwegen kleiden. Frisch aufgeputzt sonnst du dich im Auge deines Schatzes und machst dich daran, auch dieses Goldstück zu polieren. Indes wäre es gewitzter, du würdest deinem äußeren Putz einen inneren folgen lassen. Denn plätscherst du nur an der Oberfläche, wird sich der Schwung und mit ihm die Liebe alsbald verlieren. Jedenfalls wollen die zarte Bande, die du knüpfst, feste Bande werden. Doch werden sie sich nur kräftigen, wenn du dich von alten Bildern löst. Gelingt es dir, wirst du deinen Schatz in dein Herz lassen, ohne Furcht zu haben, dass es dir gestohlen wird. Schließlich will der Weg auch umgekehrt gegangen sein. Doch um deinerseits in sein Herz zu schlüpfen, musst du sehr geschmeidig sein.

Verbandelt: Atemlos mag die Liebe sein. Ihr aber nehmt euch die Luft nicht aus Liebesglück, sondern aus wechselseitiger Besessenheit. Und so verweigert ihr euch den Raum, den ein jeder von euch benötigt, um Mensch zu sein und dem anderen zum Partner zu werden. Es ist nicht Liebe, die euch so aneinander klammert, als vielmehr Furcht, die Kontrolle über euch selbst zu verlieren. Doch anstatt euch in euch selbst zu verlieren und dadurch auch die Furcht zu lösen, versucht ihr im anderen zu beherrschen, was ihr in euch selbst nicht beherrscht. Die Klammern aber, die ihr setzt, sind von Anbeginn an spröde. Sie werden nur kurz verbinden, was über lang auseinander streben will. Wollt ihr euer anfängliches Glück bewahren, solltet ihr das Gegenteil dessen wagen, wonach es euch so drängt. – Wer die Liebe einkerkert, wird und will sie töten!

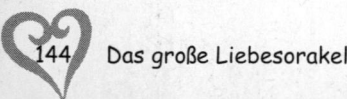

Purpur

Anbandeln: Du brauchst weder Schatz noch Freund, sondern ein Schoßhündchen, das dir aus der Hand frisst. Ob aber das Herzchen, dass du dir dazu abrichten möchtest, auch dafür taugt, wirst du erst nach einer Zeit wissen; bekanntlich beherrschen Schoßhündchen ihrerseits die Eigenart, ihr Herrchen nach ihrer Pfeife tanzen zu lassen. Deshalb solltest du ein strenger und erfahrener Erzieher sein, sofern du die Oberhand in diesem Spiel behalten willst. Auch solltest du dein Hündchen an einer kurzen Leine führen, damit es nicht an fremden Näpfen nascht. Doch ob so oder so, letztlich ist es ziemlich eintönig, wenn man nur nach einer Flöte tanzen darf. Daher besteht die Gefahr, dass dein Spiel recht kurzlebig sein wird. Es sei denn, du verstehst es, von deinen Vorstellungen durch neue Einfälle abzurücken. – Die Liebe geht auch durch Drehtüren!

Verbandelt: Du fragst dich, was noch kommen mag. Nun, das Schicksal mag dich noch so lange schlagen, bis du endlich bereit bist zurückzuschlagen. Willst du also Frieden haben, dann solltest du den Spieß eher heute als morgen umdrehen. Nimm dies wörtlich und schlage deinen Partner mit seinen eigenen Waffen. Halte dich nicht damit auf, mit der Faust auf den Tisch zu schlagen und Ultimaten zu stellen. Solches Blähgehabe wird von der anderen Seite nicht ernst genommen. Doch sofern du verzagst und Auseinandersetzungen fürchtest, solltest du deinen Groll schlucken und weiter still sein, willst du am Ende nicht unterliegen. Sinn macht dein Aufbegehren nur, wenn du mit vollem Einsatz streitest, sei bereit, alles zu verlieren, nur dann vermagst du alles zu gewinnen. Hast du schließlich gewonnen, so bleibe hart, aber gerecht. Denn nun wirst du es sein, der die Geschicke lenkt und gegen den im Zweifel gerungen wird.

Purpur

Anbandeln: Lust und Liebe, Elend und Verzweiflung heißen die beiden Seiten dieser Medaille. Du darfst die Münze nur einmal werfen; die Seite, die nach oben zeigt, gilt. Solange die Münze fällt, darfst du hoffen und bangen und glücklich sein. Und wachst du am Morgen glücklich auf und bist am Abend noch immer unbesorgt, zeigt die Münze ihre gute Seite und du darfst weiterhin dein Glück kosten. Verdüstert sich dagegen dein Blick zum Abend, fiel die Münze auf die falsche Seite, und du solltest deinem Schatz den Rücken kehren. Doch die Götter wissen, dass du diesem Rat nicht folgen wirst, wähnst du dich doch als der wahre Meister deines Geschicks. Also wird das Schicksal seinen vorbestimmten Lauf nehmen, und die Götter werden sich amüsieren, während du die bitteren Tränen der Liebe vergießt. Frage noch mal, wenn du dich unglücklich fühlst.

Verbandelt: Du wirst nicht über deinen Schatten springen und dein Zusammensein mit deinem Schatz neu erfinden können. Selbst wenn du es wirklich wolltest, würden es nur leere Worte und hohle Gesten sein. Nein, was euch fehlt, ist die Basis für ein Miteinander. Also setze dich mit deinem Schatz zusammen und redet miteinander darüber, was ihr nicht verändern wollt. Sprecht ihr offen, habt ihr rasch eine lange Liste beisammen. Bleibt ihr weiter offen, könnt ihr darüber ehrlich miteinander verhandeln und habt am Ende nur ein paar wenige Punkte, die sich nicht verrücken lassen. Versteht ihr diese Punkte als Fundament und Werkzeug zugleich, wird es euch gelingen, eine neue Heimstatt für eure Zweisamkeit zu errichten. Allerdings wird dieses Gebäude nur halten, solange Liebe der Mörtel ist, der die Steine bindet. Zudem sollte das Portal zu euch in eurer Welt und nicht in einem Utopia liegen.

Purpur

Anbandeln: Willst du für dich glücklich sein, liegst du auf der richtigen Seite. Allerdings solltest du den unbedingten Willen haben, dir dein Stück vom Kuchen abzuschneiden. Bleibst du indes halbherzig und bescheiden, wird dich das Glück vergessen. Darum drängle dich rücksichtslos vor, stelle dich ins beste Licht und weise deine Nebenbuhler in den Schatten. Bleibe gleichwohl wählerisch, schließlich soll dir die Liebe allein ihre heitere Seite zeigen. Lasse dich also weder umklammern noch mit seelischem Ballast beschweren. Sorge dich nicht um die Herzen, die du brichst. Du sollst lieben, und sonst gar nichts. Bewahre dir dazu deine Unabhängigkeit. Man darf sich dir nähern und in deinem Licht verglühen, doch nicht nach deinem Herzen greifen. Denn dein Herz wirst du nicht verlieren. Es mag dir zwar überquellen, doch es wird niemanden geben, dem du es verpfänden könntest. Und darüber wirst du glücklich sein.

Verbandelt: Diese Partnerschaft ist so schief wie der Turm von Pisa. Das muss grundsätzlich nicht von Übel sein, solange du es bist, der den Vorteil davon hat. Und da dieses Bild auch von der anderen Seite her stimmt, solltest du dir keine Sorgen darüber machen, ob dein Gewicht den Turm ins Wanken bringt. Eure Aufgabe besteht allein darin, die Schräglage zu erhalten. Also solltet ihr beide vornehmlich darauf achten, dass sich ein jeder auch seinen Vorteil sichert. Macht deshalb euren Eigennutz nicht zum Gegenstand von Verhandlungen. Solange ihr einander liebe Feinde seid, die sich das Fell gegenseitig über die Ohren ziehen, pflegt ihr die Spannung, die euch aneinander fesselt. Zudem sollte euer abgekartetes Spiel vom wechselseitigen Nehmen auch noch bei Licht Bestand haben, damit ihr euch die Illusion der Liebe bewahrt.

Purpur

Anbandeln: Bevor du dich daran machst, deinen Schatz zu verzaubern, solltest du dich selbst verzaubern. Ziehe daher den Zauberkreis der Sehnsucht um dich und kröne ihn mit dem Tor der Liebe. Beschwöre die Engel der Liebe und bitte sie in deinen Kreis. Sprich deine Herzenswünsche aus, auf dass der Ring der Sehnsucht entflammt. Lenke das Feuer durch das krönende Tor und verharre im Stillen, bis der Geist, den du zu den Sternen geschickt hast, zu dir zurückkehrt und in dir das Feuer des Verlangens anfacht. Nun darfst du deinen Kreis verlassen und dich deinem Schatz zuwenden. Du wirst die Kraft und die Macht haben, ihm das Herz zu rauben. Doch greife nicht zu schnell zu, sondern fixiere deine Beute. Du bist die Schlange, dein Herzblatt das Kaninchen. Spiele mit ihm, lasse es im Glauben, es könnte vor dir fliehen oder sich freiwillig von dir umschlingen lassen. – Diese Liebe will erfunden werden!

Verbandelt: Vier Herzen schlagen in dieser Verbindung, zwei wollen erobert werden und zwei wollen das Liebste beherrschen. Dementsprechend zieht es euch beide mit jedem Vorwärtsschritt auch einen Schritt zurück. So tretet ihr zwar nicht gerade auf der Stelle, kommt aber auch über gute Ansätze nicht hinaus. Ihr solltet euch daher einigen, wer von euch beiden den Tag und wer die Nacht regieren soll. Gelingt euch diese Teilung, werdet ihr das Glück finden, nach dem ihr so eifrig sucht, und ein Haus bauen, das man gerne sieht und aufsucht. Verweigert ihr euch indes der notwendigen Teilung, werdet ihr euer Glück in die Zukunft schreiben und euer Haus wird ein Haus der Träume sein, die man zwar gerne gemeinsam mit euch träumt, die euch aber nicht laben, sondern durstig lassen. Nur die Träume aus einem festen Haus sind stark genug, auch in den Tag zu strahlen.

Purpur

Anbandeln: Es will nicht so laufen, wie du es dir ausgemalt hast. Dein Schwarm gibt sich eigen und möchte dir gar erzählen, wie deine Träume auszusehen haben. Lass dich davon nicht ins Bockshorn jagen, andere Mütter haben auch schöne Töchter und Söhne, die zudem pflegeleichter sind. Also male dir ein neues Bild und miss an ihm deinen neuen Schwarm. Und sofern du es geschickt anstellst, darfst du anschließend zwischen dem einen und dem anderen wählen. Magst du dich nicht entscheiden, so versuche dich an beiden, du hast dann die Aufregung und sie den Stress. Beherrschst du das Wechselspiel, bleibst du frei und begehrt. Ein Zustand, den du so schnell nicht ändern solltest, denn in engen Banden wirst du dich nur gefesselt fühlen. Hattest du indes gehofft, dass dir die große Liebe orakelt wird, hast du das falsche Los gezogen. Dir mag es zwar warm ums Herz werden, doch heiß wird es dir in ganz anderer Weise sein.

Verbandelt: Kannst du dir noch Luftschlösser bauen, in denen du wohnen willst? Versuche es und schaue, wer in deinem Traum bei dir wohnt. Gelingt es dir nicht zu träumen, oder genügt dir dein Traumschloss nicht, so ist dein Traum schon Wirklichkeit. Gib ihm einen festen Grund, damit er dir erhalten bleibt. Träumst du indes den Traum der Prächtigkeit, solltest du ihn, sofern dein Partner in ihm ist, als Vision bewahren. Sie wird das Ziel sein, zu dem du dich und deinen Partner führen darfst. Du bist der Traumführer, und an deinem Geschick wird es liegen, das Geträumte in der Wirklichkeit zu verankern. Freilich wird dein Bemühen sinnlos bleiben, wenn du es nicht verstehst, auch deinen Partner zum Träumen anzuleiten. Falls jedoch ein anderer in deinem Traumschloss wohnt, solltest du die Probleme angehen, die dich bedrücken, ehe du den Traum noch einmal träumst.

Purpur

Anbandeln: Bleibe zu Hause, sperr dich ein, geh nicht ans Telefon. Wage nicht, vor ihn zu treten. An diesem Schwarm sollst du dich verbrennen. Er ist so durch und durch ein Goldschatz, dass du in seinem Arm erzittern wirst wie einst beim ersten Kuss. Darum fliehe, solange du noch fliehen kannst. Du wirst zwar womöglich der Liebe deines Lebens entkommen, dafür aber wird alles beim alten und auch in deinem Herzen alles wie gehabt bleiben. Freilich wirst du alles unterlassen, was dir geraten wird, und so überlässt du dich einem Sog, der dich von Kopf bis Fuß verwandeln wird. Lässt du die Verwandlung zu, wirst du es sein, der sie bewirkt, und dabei lenken und lernen. Wehrst du dich indes gegen den Umsturz, wirst du der Übermannte sein und dem Geschehen staunend folgen. Ob so oder so, du wirst geliebter Gott oder Göttin sein.

Verbandelt: Sieh es doch einmal so: Ein vollkommenes Antlitz ist so göttlich langweilig, dass die Göttinnen dazu übergingen, um den Menschen zu gefallen, sich einen Schönheitsfleck auf die Wange zu malen. Betrachtest du unter diesem Gesichtspunkt deine Zweisamkeit, sollte deine Frage eigentlich beantwortet sein. Sollte es dagegen wirklich so sein, dass dir dieses Schönheitsmal ein Dorn im Auge ist, wird es für dich keine große Aufgabe sein, es gegen einen anderen veredelnden Kratzer auszutauschen. Und damit du nicht besorgt sein musst, dass in deiner Zweisamkeit an deiner Göttlichkeit gezweifelt werden könnte, wirst du es sein, der diesen Kratzer trägt und pflegt. Trage ihn mit Stolz und bestehe nicht auf einem Ausgleich, sonst würde nur billig, was dich adelt. Sei also großmütig, sobald du Patina an deinem Schatz entdeckst, es macht ihn nur wertvoller. Deute es ihm an, aber verrate es ihm nicht.

Sand

Anbandeln: Traum und Wachen sind zwei Welten. Vermische sie nicht, willst du nicht einsam bleiben. Veränderungen künden sich an, sträube dich nicht dagegen, doch beschleunige sie auch nicht. Vertraue dem Fluss, aber lasse dich nicht treiben. Du bist es, der das Boot lenkt. Blicke dich um, wer mit dir die Strömung teilt. Halte dich an jene, die mit dir im Takt rudern. Ihnen darfst du deine Leine zuwerfen, um gemeinsam durch Engen und über Schnellen zu schiffen. Auf deiner Reise wird deine Leine mal hier, mal dort verknotet und gelöst werden, und man wird dir seinerseits eine Leine zuwerfen. Du ergreifst sie und lässt sie wieder los. Der Strom wird breiter und du siehst nur noch wenige, die mit dir treiben. Ihr müsst eure Leinen weiter und gezielter werfen, um sie zu fangen, und du wirst dir gut überlegen, welche Leine du löst.

Verbandelt: Der Morgentau erfrischt euch. Im Schatten lagernd rüstet ihr euch für einen langen heißen Tag. Die Sonne lässt wachsen, was ihr gesät habt, doch es ist allein die Nacht, die es nährt und wässert. Bewahrt ihr dieses Gleichgewicht, bewahrt ihr eure Zweisamkeit und stellt sie auf gesunde Füße. Hoch im Himmel singt die Lerche und tief im Wald raunt die Trude. Ihr seht und hört es und wisst, dass das eine ohne das andere nicht wäre. Beides zusammen wird euch zum Maß für euer Wirken und zeigt euch die Sphäre, in der der Mittelpunkt eures Reigens ruht. Um diese Mitte pendelt ihr, schöpft mal von der einen, mal von der anderen Seite aus dem großen Strom und dreht euch mit dem Rad des Lebens. Und so kehrt sich das Immergleiche nach oben, um stets aufs Neue verbraucht in den Fluten zu versinken. Auftauchend ist es ein Neues und doch ein Altes. Dieser Gleichklang erhält Familien und lässt sie wachsen.

Sand

Anbandeln: Sieh dich um, dir bleibt nur die Wahl zwischen diesem Schatz oder dem Alleinsein. Und da du letzteres nicht willst, wirst du dich für ersteres entscheiden. Es ist keine gute Wahl, doch ist sie anscheinend besser als die andere. Schließlich werden dir mit diesem Schatz auch handfeste Gründe für deinen Liebeskummer serviert. Du magst an ihm leiden, so lange du willst. Und damit dir das Leiden leichter fällt, darfst du von einem Schluchzer zum anderen stets neue Hoffnung schöpfen. Hast du dich schließlich zur Vernunft geweint, magst du dich vielleicht erneut umschauen und einen Schatz entdecken, den du zuvor übersehen hattest. Nimm ihn und wiederhole das Spiel. Willst du indes das Spiel verkürzen, so wähle doch das scheinbar Schlechtere. Denn die Tränen des Alleinseins werden dich läutern und deinen Blick klären.

Verbandelt: Ihr habt Wind gesät und werdet Sturm ernten. Es wird dunkel um euch werden. Ihr mögt euch niederlegen, um die schlimme Zeit zu verschlafen. Doch es wird kein guter Schlaf sein, schlimme Träume werden euch plagen und ihr werdet schlafwandelnd in die ausgehobenen Gruben fallen. Ihr könnt aber auch ein Licht anzünden und die schreckliche Nacht durchwachen. Ihr werdet dann in den Schatten böse Fratzen sehen. Sie werden euch schrecken, aber nicht übermannen. Ihr wisst, dass es nur die Bilder sind, die ihr in euch eingelassen habt. Im Zwielicht werden sie über die Wände wischen, und es wird eure Aufgabe sein, sie loszulassen, damit sie sich in der Dunkelheit verlieren. Doch achtet darauf, ob ihr wacht oder träumt. Zwickt euch gegenseitig, damit ihr euch darin nicht täuscht. Der Morgen danach wird kein strahlender sein, doch er mag nach langem Stillstand zum lichten Anfang werden.

Sand

Anbandeln: Die Liebe fragt nicht, wohin sie fällt. Also frage auch du dich nicht, warum dir dies geschieht. Allerdings solltest du dich fragen, warum du dir dies antun möchtest, wenn du doch erkennen kannst, was dich erwartet. Jedenfalls wirst du das Glück, das du dir erhoffst, mit diesem Schatz nicht finden. Es wird nur ein kurzer Traum sein, den du träumst. Mit dem Erwachen aber wirst du feststellen, dass du in der Tat nur geträumt hast. Nichts von dem, was du empfunden hast, wird Wirklichkeit gewesen sein; du hast dich von Anfang an getäuscht und täuschen lassen. Und auch der Liebesschmerz, der dich dann plagen wird, ist nur Lug und Trug. Indes scheint es dir leichter, einem Nichtsnutz nachzuweinen, als dich selbst zu ohrfeigen. Und da du nun weißt, was dich erwartet, magst du das Schicksal verkehren und das Prophezeite deinem Schatz bereiten.

Verbandelt: Wie ist es, Wasser mit dem Sieb zu schöpfen? Du verstehst die Frage nicht? Dann verstehst du auch deine Beziehung nicht! Ein glücklicher Zustand, denn dann nimmst du die Narretei als das, was sie ist. Allerdings lacht außer dir niemand mehr über das Stück, das ihr euch gebt. Vielleicht magst du dich längst als Zuschauer sehen, doch in Wirklichkeit spielst du noch eifrig mit. Es ist an der Zeit, dass du deine Augen öffnest und siehst, dass in diesem Theater die Lichter längst erloschen sind. Strengst du dich auch noch so an, um deine Rolle zu verbessern, es werden keine Zuschauer mehr kommen. Also schminke dich ab, verlasse das Theater und begib dich an die frische Luft. Hast du erst mal wieder frei durchgeatmet, wirst du wissen, was zu tun ist. Suche nach keiner Schuld, weder bei dir noch bei deinem Partner. Ihr tragt beide ein gerüttelt Maß. Schließt Frieden, und fangt jeweils alleine von vorne an.

Sand

Anbandeln: Du hast dich da in ein richtiges Ekel von Herzblatt verguckt. Doch bevor du dich in deine Einsamkeit verkrümelst oder anderweitig nach Ablenkung und Vergessen suchst, solltest du es doch mit ihm versuchen. Es könnte ja sein, dass hinter der rauhen Schale noch ein weicher Kern liegt. Willst du den Schlüssel zu diesem Schatz finden, solltest du ihn nicht wie eine Zwiebel schälen, sondern dich fragen, was es war, das es bei dir funken ließ. Weißt du es, dann wirf den selben Funken zurück. Zündet er nicht, darfst du ihm den Rücken kehren. Doch wundere dich nicht, wenn die Glut in dir umso kräftiger lodert, je weiter du dich von ihm entfernst. Jedenfalls scheint das Band, das euch verbindet, sehr dehnbar zu sein. Also hüpfst mal du, mal dein Schatz wie ein Jojo am Finger des anderen auf und ab – was euch noch eine gute Weile unterhalten wird.

Verbandelt: Nein, versucht nicht, die ewig neue Geschichte des Zusammenraufens ein weiteres Mal zu inszenieren. Inzwischen seid ihr erfahren genug, um zu erkennen, dass euch diese Geschichte nicht auf den Leib geschrieben wurde. Ihr seid nicht die Typen, die sich streitend in der Mitte finden, um sich danach den Rest der Zweisamkeit um Millimeter beidseitig der Mitte zu zanken. Ihr seid euch so ähnlich und zugleich so grundverschieden, dass ihr endlich einsehen solltet, dass ihr nicht zusammenpasst. Rauft ihr euch bis zu diesem Punkte durch, gebt ihr euch die Chance eures Lebens. Denn dann dürft ihr mit Erstaunen feststellen, dass ihr euch besser vertragt als so manches ideale Paar, dem ihr nacheifern wolltet. Allerdings braucht es Wagemut auf beiden Seiten, das Schiff erst auf Kiel zu setzen, um es am Ende doch noch flott zu machen.

Sand

Anbandeln: Stelle dir keine Fragen, zu denen du keine Antworten wünschst. Tue stattdessen, was du willst! Nimm diesen Rat wörtlich und lasse dir nicht aufschwätzen, was dein Wollen ist. Man wird dir nur hold sein, solange du wild und unberechenbar bleibst. Horche in dich hinein, wohin dein Herz dich treibt und folge ihm. Es wird dir mal warm, mal kalt sein, und du wirst mal einsam und mal zweisam sein. Stehe zu deinen Launen, sage heute ja und morgen nein, und erlaube dir übermorgen wieder eine andere Meinung. Nur was dir der Augenblick einflüstert, besitzt Gültigkeit. Frage nicht danach, wo dein Schatz dabei noch bleibt. Wer dir nicht folgen kann, der hat dich nicht verdient. Doch wehe dir, du wirst in deinem Wollen schwach, dann wirst du spüren, wie man an deinen Launen leiden kann, denn dann wirst du es sein, der dem Hasen im Zickzack hinterherläuft.

Verbandelt: Es ist die Lust einer müde gewordenen Liebe, die dich quält. Hass und Liebe halten sich die Waage, und es wird deine Lust sein, die die eine oder andere Schale senkt. Doch es wird dir schwer gemacht, dich zu entscheiden, in welche Richtung du dich neigen solltest. Denn die Lust kitzelt dich in zwiespältiger Weise. Da ist die Lust an der Zerstörung. Es ist eine grausame und schöpferische Lust zugleich. Das Alte zertrümmern und verbrennen und wie ein Phönix aus der Asche steigen ist für dich die erträumte Chance, dich zu verjüngen. Und da ist die Lust, die Pole zu versöhnen. Es ist die Lust an der Lust, die Lust an der Spannung; die liebgewonnene Sensation erneut zu zünden, dich mit deinem Partner in einem zweiten Frühling zu vermählen. Willst du dich nicht entscheiden, wird dich das Schicksal in eine Richtung stoßen. Der Stein des Anstoßes wird ein Wort, eine Geste deines Gegenübers sein.

Sand

Anbandeln: Sofern du diesen Schatz vom Fleck weg heiraten willst, dann ist er sicher nicht der falsche. Allerdings wäre es das Dümmste, was du ihm sagen könntest. Er würde dir schneller aus der Hand gleiten als geschenktes Geld. Soll diese Liebelei zur Liebe werden, darf sie keine Dauer haben. Heute will sie in Lust und Freude schwelgen. Das ist das Feuer, das euch verschweißt. Doch da ihr beide aus hartem Eisen seid, solltest du es ordentlich anfachen, damit ihr euch zueinander biegen könnt. Sofern du aber merkst, dass du den Blasebalg alleine trittst, solltest du dich fragen, ob es besser wäre, die Glut zu löschen. Senke daher die Kelle ins Wasserfass und besprenkle die Kohlen. Es wird zischen und dampfen und ihr werdet blind sein. Doch wenn dein Schatz den Balg tritt, sobald sich der Rauch legt, weißt du, was du zu fragen hast.

Verbandelt: Beide wartet ihr vergrämt auf ein Zeichen des anderen. Darum sei wenigstens du nicht bockig, da in dir alles nach Versöhnung schreit. Das Leben ist zu kurz, um verschmollte Tage großzügig zu verplempern. Spring über deinen Schatten, wenn es der andere nicht kann. Dafür wirst du einen Wunsch frei haben. Lasse ihn dir vergolden, denn es wird die Erfüllung solcher Wünsche sein, die eurer Zweisamkeit frische Kraft zuführen. Doch fordert euch keine Versprechen ab, schließlich sind es die guten Vorsätze, mit denen ihr euch ein ums andere Mal die Hölle bereitet. Seht ihr es indes sportlich, so habt ihr mit eurer Versöhnung eine Hürde überwunden, um der nächsten zuzueilen. Mit dem entsprechenden Schwung könnt ihr sie in einem Satz nehmen. Es ist also weniger das Hindernis als eure Trägheit zwischen zwei Hürden, die euch schadet. Deshalb sorgt für die Glut und schmiedet euer Eisen weiter.

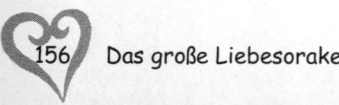

Sand

Anbandeln: Am besten, du meldest dich zu einem Tanzkurs an, dort wirst du lernen, wie du dich in eleganter Weise um deinen Schatz drehen kannst und dabei doch im Mittelpunkt bleibst. Falls du diese Empfehlung wörtlich nimmst, liegst du im übrigen nicht so falsch. In jedem Falle aber solltest du dich deinem Schwarm erst nähern, wenn er dir erkennbar Grund gibt, ihn zu umgarnen. Sind es nur seine schönen Augen, die dich verwirren, dann lasse von ihm ab. Damit sich deine Freude an ihm erhält, sollte er schon etwas mehr an Mitgift aufweisen. Doch noch wichtiger als dies ist, dass er es seinerseits versteht, sich um dich zu drehen, ohne dir auf die Füße zu treten. Schließlich werdet ihr gemeinsam viele schwierige Schritte lernen und euch dabei heftig aneinander reiben. Dreht ihr euch dennoch weiter, bis euch schwindelig wird, hast du einen zweiten Grund zu bleiben.

Verbandelt: Ein Zahn greift in den anderen, die Zahnräder laufen und schnurren, die Uhr tickt, die Zeit vergeht, alles ist perfekt und nichts ist heute anders, als es gestern war. Du wachst auf und streust Sand ins Getriebe, die Räder knirschen, die Uhr bleibt stehen, ihr fallt aus der Zeit und ihr wisst nichts mit euch anzufangen. Träume nicht den Traum vom wilden Leben, solange du es nicht führen willst. Und willst du es wirklich führen, so führe es und träume nicht davon. Bleibt dir noch eine Frage, so suche das Glück im Kleinen. Dort liegt das Glück, das dich erhöht. Verstehst du es, dich einzurichten, wirst du auch den Raum entdecken, in den du das Ungewöhnliche laden kannst. Hier werden deine Sehnsüchte ihren Grund finden, in ihm wirst du auch das Ticken der Uhr nicht mehr hören und an der Gleichförmigkeit eine eigene Art von Gefallen finden. – Eine Liebe in stiller, doch aufregender Wandlung.

Sand

Anbandeln: Lasse dir Zeit, erst müsst ihr Freunde sein, um ein Paar zu werden. Deshalb solltet ihr euch ein gutes Stück begleiten und einander an euren Höhen und Tiefen teilhaben lassen. In dieser Zeit mögt ihr euch in einer Weise kennen lernen, die ihr euch sonst nicht gewährt hättet. Doch erst, wenn ihr euch ganz vertraut seid, werdet ihr entdecken, dass ihr füreinander bestimmt scheint. Dann wird euch das Herz bis zum Hals klopfen. Der erste Schritt aufeinander zu wird euch beiden allen Mut abfordern und euch taumeln lassen als wäre es das erste Mal. Liegt ihr euch aber erst einmal in den Armen, findet ihr euch in einer neuen Dimension wieder. Hier dürft ihr zum höchsten Glück das Bekannte mit dem Unbekannten verbinden und einander tief in eure Seelen blicken. Es wird also nicht der Schwarm sein, den du gerade umschwärmst, und es wird nicht der Freund sein, den du schon lange kennst.

Verbandelt: Deine Frage trifft und trifft nicht. Es bleibt beim gewohnten Auf und Ab. Doch wirst du an diesem Rhythmus deinen Gefallen finden, sobald du merkst, wie ihr in sanften Wellen um die Mitte pendelt und dabei stets ein Stückchen vorwärts schwingt. Versuche deshalb, nicht zu beschleunigen, was sich entwickeln will. Selbst wenn ihr glaubt, den Lauf der Entwicklung absehen zu können, solltet ihr euch nicht auf mögliche Ziele konzentrieren. Es ist die gemeinsame Fahrt, auf der ihr eure Liebe hegt und nicht der Hafen. Blickt euch also um und rundet ab, was euch noch kantig scheint. Denkt euch auch nicht geteilt, dies ist kein Spiel für Ich und Du. Es ist das Spiel von Du und Du, das euch erwärmen wird. Ihr seid und bleibt zwei Puzzlestücke aus getrennten Kisten, die auf seltsame Weise ineinander passen. – Aus Kinderwunsch wird Kindersegen.

Gelb

Anbandeln: Du weißt, wen du willst, und auch dein Schwarm scheint dir hold zu sein. Somit wäre alles klar und dein Werben von Erfolg gekrönt. Doch leider steht dir jemand im Weg, der dir hinderlich werden könnte. Es bist du selbst. Mit der gleichen Kraft, mit der dein Herz dich zu deinem Liebsten zieht, stößt dein Verstand dich ab. Das Schlimme ist, beide Seiten in dir haben Recht. Lässt du dich mit diesem Schatz ein, wirst du einerseits auf Wolken schweben, andererseits auch durch die Hölle gehen. Beides aber wirst du dir zum Großteil selbst bescheren. Es werden weniger die äußeren Hemmnisse als deine inneren Hoffnungen und Zweifel sein, die dich umtreiben. Mithin magst du diese Liebelei tapfer angehen, drehst du dich doch in Wirklichkeit nicht um deinen Schatz als vielmehr um dich selbst. – Eine einsame Liebe.

Verbandelt: Deine kleine Welt scheint solange in Ordnung zu sein, solange sie die große Welt verkehrt. Nimm also nur am Großen Maß, um abzulesen, was du ins Kleine nicht hineintragen darfst. Trage andererseits auch nichts vom Kleinen ins Große, du würdest das deine nur entwerten. Solange du dies beachtest, bleibt euer Raum geschützt. Gleichwohl wird der Ansturm anhalten, und du wirst dein Reich nur bewahren, wenn es dir gelingt, den Frieden im Inneren zu sichern. Hiervon deinen Partner zu überzeugen, wird deine eigentliche Aufgabe sein. Es ist nicht die Zeit, den Himmel einzureißen, vielmehr gilt es, die Grenzen eurer Zweisamkeit zu verteidigen. Hierfür solltest du mit beiden Beinen fest auf dem Boden bleiben und dazu äußerst wachsam sein, denn deine Feinde werden im Gewand der Freunde anrücken. Streite offen mit ihnen, denn klappst du dein Visier herab, wirst du den kürzeren ziehen.

Gelb

Anbandeln: Mit diesem Schatz solltest du keine Pferde stehlen gehen, es könnte nämlich sein, dass er dir deinen eigenen Gaul unterm Hintern stiehlt. Darum solltest du dich nicht gar so eifrig um diesen Liebsten bemühen. Wenn du Glück hast, wird dir dieser Kelch von den Lippen genommen, ehe du dir mit dem Trunk den Magen verdirbst. Da du andererseits der vorbestimmten Enttäuschung nicht aus dem Weg gehen willst, solltest du das Beste aus dem Intermezzo machen. Genieße die angenehme Seite und ziehe dich zurück, sobald das Kätzchen seine Krallen zeigt. Sobald es aber schnurrt, darfst du wieder mit ihm kuscheln. Auch solltest du nicht jedes tolle Spiel mitspielen, das dir vorgeschlagen wird. Schließlich soll dies ganz allein dein Spiel sein, das du so lange spielen darfst, bis du einen anderen Mitspieler findest. Achte deshalb darauf, dass du im Lichte bleibst, denn noch ist der Reigen nicht vorbei.

Verbandelt: Du wirst die Wolken, die deinen Himmel verdüstern, nicht wegblasen können. Sie werden über dir abregnen. Doch kannst du für Blitz und Donner sorgen, damit sich der Himmel schneller klärt. Allerdings besteht hierbei die Gefahr, dass dich der Sturzregen wegschwemmt. Du kannst dich aber auch an einen trockenen Platz verkriechen und dort auf schöneres Wetter warten. Jedenfalls ist dies nicht die Zeit, sich auf seine Gefühle zu verlassen. Zu viel steht auf dem Spiel. Um Ordnung in deine Gedanken zu bringen, solltest du dir überlegen, für was du streiten willst – für dich selbst oder deine Partnerschaft. Weißt du, was du dir aufs Banner schreiben willst, weißt du auch, was du zu tun hast. Beide Möglichkeiten stehen dir zur Wahl, doch egal, welche du wählst, es wird eine gute Weile währen, bis es dir wieder warm ums Herz wird.

Gelb

Anbandeln: Es wartet eine trübe Zeit auf dich. Willst du sie vermeiden, so vermeide jede Liebelei. Du bist nicht frei genug dafür, noch begleiten dich die Schatten deiner Vergangenheit. Diese Schatten werden verwandte Schatten locken, falls du diesen Rat missachtest. Rede dir darum nicht ein, wie süß dieser Schatz ist, du plapperst nur nach, was dir deine Schatten einflüstern. Er ist nicht süß, er ist ein Vampir, der dich aussaugen möchte. Sei achtsam, auch wenn du den Rat befolgst und dich von ihm fernhältst. Denn statt eines Schatzes wird dich die Tristesse umarmen. Sie aber weiß dir zu schmeicheln und dich im weißen Kleid zu locken. Traue weder dem äußeren Schein noch dir selbst, denn auf Freiersfüßen scheint dir gar der Teufel noch ein Prinz zu sein. Hast du dich indes gegen jeden Rat vergessen, so fliehe, ehe der Morgenkaffee fertig ist.

Verbandelt: Schenk dir noch einen Tag mit deinem Schatz, damit du ohne jeden Zweifel weißt, dass du von nun an eine andere Melodie pfeifen wirst. Sag es ihm klar und deutlich, damit er auch die Ohren spitzt. Doch sage nicht mehr, denn mit jedem Wort zuviel wirst du die Uhr nur rückwärts drehen und die selben Schatten, die du bereits verscheucht hast, erneut verscheuchen müssen. Meide auch die Wahrheit, denn sie ist bitter. Die Lüge ist dagegen ein süßes Brot. Und wenn du nicht lügen kannst, dann schweige. Mit der Liebe ist auch die Zeit des Zanks gegangen. Es wird still zwischen euch werden. Schätze diese Stille. Sie lässt euch beiden Raum, die Schmerzen zu vergessen und die Narben ausheilen zu lassen, die ihr euch geschlagen habt. Später, wenn ihr euch an einem sonnigen Morgen begegnet, mögt ihr einander die Hand zur Freundschaft reichen. Doch baue nicht darauf, es würde dich jetzt nur schwächen.

Gelb

Anbandeln: Wer vermag sich neben dir zu halten, wo selbst die Sonne neben dir erblasst. Rückst du nicht von dieser Haltung ab, wirst du ein einsamer Stern bleiben. Vielleicht versuchst du es einmal eine Nummer bescheidener, damit dich ein Planet etwas länger umkreisen kann, ehe er an dir verglüht. Und wenn du dich schon so einzigartig fühlst, solltest du darüber nachdenken, ob du nicht doch einen zweiten Stern neben dir dulden möchtest. Gewiss würdest du dann in seinem Abglanz kreisen, doch würde es ihm keinen Deut anders ergehen. Zögerst du allerdings bei diesem Gedanken, solltest du dich fragen, vor was du dich so fürchtest. Falls es die Konkurrenz ist, die dich schreckt oder Zweifel an der eigenen Herrlichkeit, so sind dies keine Gründe, dich nicht in Szene zu setzen. Schließlich hat sich eine zweite Sonne aufgemacht, dich zu bescheinen.

Verbandelt: Macht es euch nicht schwerer, als es ist. Ihr seid ein zu trautes Paar, als dass ihr nicht über euren Schatten springen könntet. Also gebt euch einen Ruck und wendet euch einander wieder zu. Ihr dürft euch dann auch mit ausgesuchten Zärtlichkeiten belohnen. Und wenn ihr schon meint, ihr hättet etwas gerade zu rücken, so sollte ein jeder von euch ganz im Stillen vor seiner eigenen Haustüre kehren. Verzichtet ihr auf ein paar Eigenheiten, macht ihr euch nicht nur die schönste Liebesgabe, sondern nehmt euch auch jene Kanten, an denen ihr euch bislang gestoßen habt. Doch zwingt euch nicht dazu, sondern wandelt euch aus Einsicht. Nur dann vermag die aufkommende Harmonie auch eure verletzten Gefühle zu versöhnen. Wollt ihr den neuen Gleichklang weiter festigen, so zeigt euch und sonnt euch im Neid eurer Freunde. Andernfalls könntet ihr in stiller Zweisamkeit und ganz unbemerkt ins alte Fahrwasser gleiten.

Gelb

Anbandeln: Mit treuem Augenaufschlag wirst du bei diesem Schatz wenig erreichen. Du solltest schon tiefer in die Trickkiste greifen. Zeige dich gegenüber deinen Konkurrenten von deiner unangenehmen Seite und gib dich überspannt in der Nähe deines Schwarms. Deine Extravaganz wird Lock- und Bindemittel sein. Es ist die Mitgift, die du bietest. Fordere dafür eine angemessene Größe von der anderen Seite. Denn euer erster Flirt wird weniger süßes Geplänkel als vielmehr ein gewitzter Handel unter Spitzbuben sein. Und da es dein Schatz ebenso faustdick hinter den Ohren hat wie du, solltest du ihm deine Wahrheiten in kleine Schwindeleien verpacken. So bleiben euch neben heißen Küssen auch einige Überraschungen. Und nach jeder Überraschung dürft ihr euch fragen, ob es eine gute oder böse ist und es sich lohnt, das Spiel noch fortzusetzen.

Verbandelt: Die Gewohnheit hat deinen Schatz so blind gemacht, dass er dich in anderen sucht. Du hast also allen Grund zur Eifersucht. Willst du daran leiden, wirst du dich in dein Schneckenhaus zurückziehen und noch weniger sichtbar sein. Der elegantere Weg wäre, ihn an deiner statt leiden zu lassen. Putze dich also auf, lasse dir Komplimente machen und sei einem Flirt nicht abgeneigt. Sollte dich dann dein Schatz immer noch nicht neu entdecken, darfst du auch einen Schritt weiter gehen. Amüsiere dich und hole dir, was du in deiner Zweisamkeit vermisst. Damit aber spannst du den Bogen, und es liegt an dir, wie weit du die Sehne dehnst. Reißt sie oder zerbricht dir der Bogen in der Hand, wirst du deinem Schatz den Rücken kehren. Lernst du hingegen mit der Spannung zu spielen, lernst du auch, dich mit deinem Schatz so zu arrangieren, dass du mit ihm angenehm überwintern magst.

Gelb

Anbandeln: Blickst du dich um, wirst du die Hand auslassen, die dich hält und dein Herz an das Unmögliche verlieren. Doch wenn du dich erinnerst, so war die Hand, die du fallen gelassen hast, ebenso eine Unmöglichkeit. Dementsprechend wirst du das Spiel, das du gespielt hast, nur in neuer Besetzung wiederholen. Schon nach einer kurzen Weile wird dir alles sehr bekannt vorkommen und du wirst nach neuen Reizen Ausschau halten. Das mag für jemanden, der solches nicht wagt, sehr verlockend klingen, du hingegen löffelst die gleiche Suppe nur aus einer anderen Küche. Das Rezept dagegen ist sicher nicht Enthaltsamkeit. Versuchst du es hingegen mit einem höheren Anspruch, bist du auf dem richtigen Weg. Allerdings solltest du weniger Ansprüche an deinen Schatz stellen als an dich. Besinne dich auf deine Temperamente, ergründe deine Eigenheiten und träume deine geheimen Wünsche, und dann blicke dich nach dem um, der sie erfüllen kann.

Verbandelt: Solange dir die Rübe wie einem störrischen Esel vorgehalten wird, solltest du weiter bocksbeinig bleiben. Lasse dich nicht mit leeren Versprechungen locken, sondern bestehe auf messbaren Taten. Sträubt sich dein Schatz auch weiterhin, so kündige ihm vorübergehend die Gemeinsamkeit. Die Auszeit solltest du indes nicht mit dem Wenden von Wenn und Aber füllen, sondern nach deinem Gusto gestalten. Nur dann wirst du deine Laune wieder erlangen und kannst die alten Geister aus dem Hause jagen. Das wird auch notwendig sein, denn dass es für euch einen Neuanfang gibt, steht außer Frage. Ihr mögt euch dabei anfänglich etwas fremd sein, doch das liegt nur daran, dass ihr die Gruben kennt, die unter den frisch eingezogenen Bohlen liegen. Habt ihr aber erst Vertrauen in die neue Bühne, traut ihr euch auch, nach Herzenslust aufzuspielen.

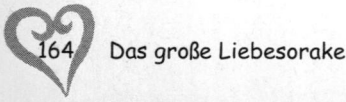

Gelb

Anbandeln: Mit diesem Schatz solltest du besser schweigen, denn warm ums Herz wird es dir nur werden, solange du bei ihm liegst. Nicht, dass ihr euch nichts zu sagen hättet, nur klappt es mit dem Zuhören nicht. Vielleicht wechselt ihr die Lokalität gegen ein lauschigeres Plätzchen oder zeigt euch gegenseitig eure Briefmarkensammlungen. Jedenfalls solltet ihr herausfinden, ob ihr außer euch noch mehr gemeinsame Leidenschaften habt, andernfalls wird es nur ein kurzes sinnliches Zwischenspiel gewesen sein. Allerdings solltest du die Suche nach gemeinsamen Passionen nicht allein zu deiner Aufgabe machen, willst du nicht zum Animateur dieser Liebelei werden. Denn in dieser Rolle ziehst du dir deine Gespielen nur zu Vampiren, die dich ausgesaugt und selber aufgeblüht verlassen. Darum schweige diesmal und genieße es, am anderen zu erblühen.

Verbandelt: So alt könnt ihr gar nicht miteinander werden, bis ihr euch eines Tages zusammengerauft habt. Es bleibt ein ewiges Auf und Ab, ein anhaltendes Ringen und Zerren. Das mag euch jung erhalten, doch besteht auch die Gefahr, dass sich diese Eigenheit verselbständigt und ihr euch wechselseitig traktiert, ohne zu bemerken, wie ihr euch Wunden schlagt. Solche Dickfelligkeit mag euch zwar schützen, andererseits verliert ihr mit ihr auch das Gefühl für die Zwischentöne und die zärtlicheren Berührungen und gebt damit das Elixier des Glücks aus der Hand. Zudem stellt ihr euch auch bei euren Freunden ins Abseits, denn hier sieht man mit anderen Augen, was euch längst Gewohnheit scheint. Zwar mögt ihr an solcher Einsamkeit Gefallen finden, dennoch ist sie weniger ein Merkmal eurer Einzigartigkeit als vielmehr ein Zeichen dafür, dass ihr nicht bereit gewesen seid, euch eure Liebe zu bewahren.

Gelb

Anbandeln: Das kann nicht gut gehen, denkst du dir und lässt dich doch von diesem Taumel erfassen. Und es wird nicht gehen, wenn du nicht gelöst bist und voll lüsterner Neugier den Wendungen folgst, die deine Gefühle verwirren und all deine Sinne beanspruchen. Was dir geschehen wird, wird unvergleichlich sein. Doch sobald du es mit den Bildern deiner Erinnerung vergleichen und deuten willst, wirst du dich aus deiner Bahn werfen, und das Abenteuer, auf das du dich eingelassen hast, sein abruptes Ende finden. Währen und Enden liegen bei dieser Liebelei dicht beieinander. Bist du deswegen furchtsam, wirst du von dem schmalen Grat, auf dem deine Flamme tanzt, in dunklen Liebeskummer stürzen. Nur wer leichtsinnig bleibt, wird selbst mit verbundenen Augen sicher auf dem Pfad dieser Liebe wandeln. Darum vergiss, was du befürchtest, damit du das Glück nicht verlierst, das dir Amor zugedacht hat.

Verbandelt: Ihr könnt euch streiten, so viel ihr wollt, solange ihr euch dabei noch respektiert und eure Herzen nicht verletzt. Denn die Wunden der Herzen sind Narben der Liebe, die nicht mehr heilen. Darum seht euch an, wenn ihr wieder einmal an Nebensächlichkeiten zerrt und im Grunde nur verdrossen über euren Alltag seid. Denn seht ihr den Schmerz in euren Augen, wird der Zank ein jähes Ende finden. Ihr werdet deswegen weiter leidenschaftlich ringen, doch der Schalk, der euch dann begleitet, zwingt euch nicht zur Einigkeit. Uneinig zu sein und gleichwohl die Einigkeit zu bewahren, das wird der Wandel sein, den euch allein die Liebe lernen kann. In dieser Weise schafft ihr euch einen gemeinsamen Raum, in dem ihr euch beide frei bewegen könnt. Nur durch diese Freiheit mag eure Zweisamkeit ein immerwährendes Abenteuer bleiben.

Blau

Anbandeln: Auch wenn du dein Sehnen verbirgst, sieht ein jeder, was dir fehlt, und so bleibst du blass und reizlos. Verstecke dich nicht weiter, sondern trage deine Sehnsucht in die Sonne, sie wird sie in Liebreiz wandeln. Im Licht der Menschen um dich herum wird dir warm werden und dein Sehnen ein Gegenüber finden. Löst du dich aus deinen Schatten, darfst du dich auf dein Ziel zu-bewegen. Ziehst du indes deine Schatten mit dir, wirst du nur im Zwielicht auf der Stelle treten. Vor einer Zweisamkeit steht somit deine Wandlung, und je gründlicher du deine alte Haut abstreifst, umso feiner wird deine Wahl sein. Lasse dich daher nicht von den ersten Lichtblicken anziehen. Es sind nur kleine Lichter, die dich ermuntern sollen, auf dem eingeschlagenen Weg zu bleiben. Je heller und munterer es um dich wird, um so weiter wird dein Blick werden, und du wirst den fernen Pol glänzen sehen, der der Grund für dein ursprüngliches Sehnen war.

Verbandelt: Lasse dir nicht einreden, was dir zuwider ist. Höre vielmehr auf dein Herz, denn deine Gefühle verraten dir, in wel-che Richtung du denken sollst. Bedenke, was dich drängt und was dich stützt. Alsdann plane den Weg gründlich, den du be-schreiten willst. Doch da du ihn nicht alleine gehen wirst, solltest du ihn auch mit den Augen deines Begleiters sehen. Nur dann wirst du die Reise durch die Welt der Wandlungen bestehen und dich im Ziel auch heimisch fühlen. Es wird eine Zeit der Begeg-nung sein. Du wirst dir selbst wie deinem Partner neu begegnen. Auf dieser Reise wird die Stimmung in rascher Folge wechseln. Deshalb gib nicht auf, wenn du dich am Boden fühlst, und sieh dich nicht am Ziel, wenn du dich im Himmel wähnst. Es ist nicht das Paradies, auf das du zugehst, sondern eine reife, von falschen Illusionen befreite Partnerschaft.

Blau

Anbandeln: Bei so vielen Komplimenten von allen Seiten mag man schon leicht die Bodenhaftung verlieren. Und falls du nicht aufpasst, wird dir dies geschehen. Aber du wirst nicht in den siebten Himmel gezogen werden, sondern den Boden unter deinen Füßen verlieren, um tief zu stürzen. Erspare dir also diese Demütigung und lausche auf den Ton, der hinter der Musik klingt, denn man schmeichelt dir nicht nur um deiner selbst willen. Genieße es daher, begehrt zu sein, doch wehre dich dagegen, missbraucht zu werden. Sei achtsam, wem du deine Gunst gewährst, und sei entschieden grausam, sobald du spürst, dass du dich hast täuschen lassen. Das Herzblatt, das dir aktuell ins Auge fällt, hat alle Eigenschaften eines Hallodris. Du kannst es aber zähmen, sofern du ihm bereits beim ersten Tête-à-tête recht unverblümt die Leviten liest.

Verbandelt: Tief in deinem Inneren plagt dich die Unzufriedenheit. Du bist unersättlich und meinst, wenn das Glas voll ist, wäre es gut, wenn es noch etwas voller wäre. Anstatt aber den Grund deiner Unersättlichkeit zu erforschen, suchst du selbst im Vollendeten noch Vollendung. Was dich dazu treibt, ist deine Furcht, dein Glück könnte enden, und dein Dünkel, endliches Glück wäre unvollkommen. Hierdurch begibst du dich auf Abwege, die dich leicht auf eine schiefe Bahn führen und auch dein missachtetes Glück in Gefahr bringen. Zwar findest du stets zurück an deinen Herd, dort aber quälst du dich mit Katergefühlen, weil das Genossene nicht nach dem Glück schmeckte, das du gesucht hast. Und trotz der schlechten Gefühle über dein Abweichen denkst du darüber nach, ob es nicht doch einen richtigen Abzweig im Falschen gäbe, der dir dein Glück beschert; und so bleibst du weiter unglücklich in deinem Glück.

Blau

Anbandeln: Du weißt am besten, was dir nicht bekommt, und so wirst du auch bei diesem Herzblatt wissen, wann es an der Zeit ist, ihm den Laufpass zu geben. Jedenfalls wird dies keine Liebelei sein, mit der du alt wirst. Solange du also auch das Ende im Blick behältst, darfst du dich auf dieses Spiel einlassen. Dass du damit ein Herz zerbrichst, muss dich nicht kümmern. Doch solltest du dir überlegen, ob es elegantere Wege gibt, sich zu trennen, als einen Schlag vor den Kopf. Darum kümmere dich rechtzeitig darum, dass du ein fünftes Rad dazulädst, damit du beim Reifenwechsel ungestört entfleuchen kannst. Und sollte sich dieser Spruch gar gegen dich verkehren, so nimm es sportlich und sei nicht nachtragend. Schließlich ist die Liebe zu schön, als dass man sich mit dem Geheule über Verflossene hässliche Augensäcke anweint.

Verbandelt: Nüchtern betrachtet sind deine Sorgen grundlos. Doch diese Feststellung wird dich von deinen Befürchtungen nicht befreien. Solange du dir selbst im Wege stehst, wird dein Missmut anhalten. Die Lösung, um deine Selbstblockade aufzuheben, liegt in deiner Zweisamkeit. Baue auf deinen Schatz, indem du dich ihm anvertraust. Du wirst ihn zwar zunächst mit deiner Sicht der Dinge vor den Kopf stoßen, doch wenn du ihm zeigst, dass du mit ihm gemeinsam um eine Lösung ringen willst, wirst du in ihm Trost und Fürsprache finden. Das schließt auch ein, dass dir der Kopf zurechtgerückt wird. Andererseits ist dies unvermeidlich, damit ihr beide auch auf das selbe Ziel blickt. Magst du jedoch das liebevolle Vertrauen nicht aufbringen, wirst du die Belastung weiter mit dir tragen und an falscher Stelle abladen. Dann aber wird dir das Glück für lange Zeit den Rücken kehren.

Blau

Anbandeln: Zwei Eisberge begegnen sich, und keiner weiß vom anderen, was er so alles unter der Wasserlinie verbirgt. Sind es zwei gleich mächtige Eisberge, werden sie lange nebeneinander triften, bis sie schmelzen. Wann also wirst du schmelzen, und wann dein Herzblatt? Diese Frage beherrscht das Spiel, auf das du dich einlässt. Denn wer eher schmilzt, darf herrlich leiden. Es wird für ihn ein Sehnen und Bangen sein, und die Liebe wird bittersüß schmecken. Der andere aber darf sich geschmeichelt fühlen, während er nicht weiß, ob er seinem Herz oder seinem Verstand trauen darf, bis schließlich auch ihn die Liebe überwältigt. Dann aber wird eine wunderbare Zeit beginnen, in der sich eure Herzen miteinander verflechten. Gib dich also nicht wärmer oder kälter als du bist, da euch allein die Liebe und die Leidenschaft verbinden will.

Verbandelt: Auch dein Schiff stampft ab und an durch schwere See, doch deswegen würdest du es nie aufgeben – wie du es allerorten um dich herum siehst. Ja, du magst gar glauben, du bist mit deiner Zweisamkeit ein Überbleibsel aus vergangener Zeit. Das mag dir zwar schmeicheln, doch lohnender ist es, auf die gescheiterten Beziehungen zu blicken, um zu entdecken, was in deiner Partnerschaft so anders ist. Diese Eigenheit gilt es zu pflegen, damit ihr weiterhin besonders bleibt. Freilich lässt sich in der Liebe nur pflegen, was das Herz berührt. Solche Berührung ist nur möglich, wenn zwei Herzen füreinander schlagen. Achtet ihr darauf, dass ihr aneinander teilhabt, dürft ihr weiterhin auf eine lebendige Zweisamkeit blicken. Darum bleibt launisch und lebhaft, denn daran, wie ihr die kleinen Scharten des Lebens auswetzt, wird sich zeigen, ob eure Herzen weiterhin füreinander offen sind.

Blau

Anbandeln: Versuche nicht, die Liebe neu zu erfinden, nur weil dein Herzblatt so besonders ist. Wäre es nicht so anders als alle anderen, würdest du das Orakel nicht bemühen. Doch auch die besonderen Blüten im Garten der Liebe nähren sich nicht anders als die schlichten. Was sie zu üppiger Blüte treibt, ist allein das kleine Mehr an Sonnenschein. Du bist die Sonne und die Blüte zugleich. Es ist dein Scheinen, das die Liebe nährt, und es wird der Widerschein deiner Liebe sein, der dich erblühen lässt. Dass deine Liebe Entsprechung findet, steht außer Frage. Doch ob sie das Quäntchen Mehr an Sonne bescheint, liegt daran, wie du das Licht unter die Wolken lenkst. Denn da ihr tiefe Leidenschaften weckt, werden auch tiefe Wolken über eure Köpfe ziehen. Es ist die Hitze eurer Temperamente, die euch zu schaffen machen wird. Leuchtest du mit dieser Glut die grauen Momente aus, entdeckst du der Liebe Blütenpracht.

Verbandelt: Und wieder soll es der Alltag sein, die Sorgen ums Geld, das Gezeter über schmutzige Wäsche und die falschen Schmeicheleien der Schmeichler, die diese Liebe an ihre Grenzen führt. Ist euch das nicht zu billig, wird diese Liebe in der Tat an dieser Grenze zerbrechen. Bewahrt ihr indes eure Besonderheit, werdet ihr darüber nur schmunzeln können. Doch achtet darauf, dass ihr eure Einmaligkeit nicht zur Heiligkeit erhöht, denn dadurch würdet ihr nur billig machen, was euch besonders ist. Euch umweht der Duft der Liebe, und er wird euch so lange begleiten, solange ihr euch von ihm betören lasst. Es ist ein lebendiger Duft, der sich weder destillieren noch in Flakons füllen lässt. Und es gibt keine Rezepturen, ihn sich zu erhalten, außer dem Rat, sich die Empfindsamkeit seiner Sinne zu bewahren, damit das Ungewöhnliche nicht gewöhnlich wird.

Blau

Anbandeln: Du solltest dich besser an die Milchbar setzen, so-lange du dir einen soliden Schatz erträumst. Allerdings wird er dann auch so solide sein, dass er einen Diamanten mit den Scher-ben aufkehrt, weil er sein Feuer nicht erkennt. Wünsche dir dar-um nicht die brave Seite herbei, die du an dir vermisst. Die Liebe, so wie du sie leiden magst, ist nicht die Ergänzung von Charak-terschwächen, sondern die Begegnung gleicher Pole, die die Lei-denschaft ins Irrwitzige verstärken. Also lasse den Schatz, der dich mit Beruf und Wochenende unterhalten mag, links liegen, es sei denn, du bist in der Tat scharf darauf, die Sinnlichkeit von Erdbeermilch zu schmecken. Dem Herzblatt aber, das es ver-steht, deine wahren Träume auszusprechen und auf seidenen Kis-sen auszubreiten, darfst du dich ungeniert an den Hals werfen. – Es ist Liebe nach dem ersten Blick!

Verbandelt: Das Blatt dreht sich, je nachdem, ob du zum Guten oder zum Schlechten fragst. Das eine wird sich ins andere ver-kehren. Es ist das Spiel eurer Launen und Einfälle, das euch frisch hält und das eure Liebe in den April schickt. Zwar folgt je-dem April auch ein Mai, doch noch ist der Wonnemonat nicht eure Zeit. Solange ihr damit beschäftigt seid auszuloten, wie weit die Bande, die euch binden, euch auch halten, wird das Wechsel-bad der Gefühle anhalten. Im Grunde seid ihr noch gar kein ech-tes Paar geworden. Zu sehr übt sich ein jeder von euch noch in seiner Rolle und versucht, sich ins bessere Licht zu rücken. Das ist kein Zusammenspiel, sondern das Nebeneinander zweier Ex-zentriker. Bleibt es dabei, werdet ihr nicht lange beieinander blei-ben. Wollt ihr also länger als eine Saison zusammenspielen, soll-tet ihr einander besser zusehen, nur dann werdet ihr lernen, wie aus Zweien ein Ensemble wird.

Anbandeln: Aus Furcht, durch eine frühe Bindung mögliche viel versprechendere Chancen auszulassen, zierst du dich wie eine Prinzessin, dich mit deinem Schwarm einzulassen. Nun, es gibt viele alte Jungfrauen, die genauso dachten wie du. Willst du es ihnen nicht gleich tun, solltest du dich an den Chancen, die sich bieten, orientieren. Also lehne dich an deinen Schwarm und bleibe berechnend, verschließe dein Herz und amüsiere dich. Das ist der Weg nach deinem Geschmack. Zugleich ist er auch ein hübscher Irrweg, denn dein Herz wird sich nicht darum scheren, was dein Verstand ihm heißt. Und so mögen dir unversehens die drei Worte der Liebe über die Lippen gehen, die du so gerne verschluckt hättest. Diese Liebelei ist für derlei Überraschungen gut. Forderst du deinen Schatz, wirst du sehr schnell spüren, ob du bei ihm ins Wanken gerätst.

Verbandelt: Wünsche werden wahr. Du darfst dir Hoffnungen machen. Machst du dir Hoffnungen auf deine Zweisamkeit, solltest du dem sich abzeichnenden Glück schon ein wenig auf die Sprünge helfen. Bewegst du dich in die erhoffte Richtung, wird dir das Glück entgegeneilen. Sollte dir dies schwer fallen, weil du meinst, dein Schatz müsste sich bewegen, so bedenke, dass es deine Hoffnungen und nicht die seinen sind, die dich leiten. Doch bist du erst einmal in Bewegung, wird sich dein Schwung übertragen und ihn ebenfalls beschleunigen, schließlich ist das Band, das euch verbindet, ein starker Riemen. Und da du schon dabei bist, die Konstellation zu verändern, darfst du auch über das vorgenommene Ziel hinausschießen. Erinnere dich zurück, wie ihr einst nach den Sternen greifen wolltet. Jetzt darfst du es erneut versuchen, denn der Himmel rückt euch sehr nahe.

Blau

Anbandeln: Rede dir nur nicht ein, dein Herzblatt sei ebenso wie du. Wäre es so, wäre es besser, du würdest dein Spiegelbild herzen. Redest du dir deinen Schwarm gleich, redest du auch deine Liebe flau. Darum erwarte nicht, was du erwarten willst, und du wirst offen für ein Abenteuer sein, bei dem du nicht nur einen Schatz, sondern auch dich selbst entdecken darfst. Ihr werdet euch gegenseitig in den Himmel heben und euch mit gleicher Lust die Hölle bereiten. Denn sobald ihr euch erkannt habt, werdet ihr merken, dass ihr euch nur in eurer Verschiedenheit ähnlich seid. Und so bietet ihr euch die traumhafte Gelegenheit, auf die andere Seite eures Selbst zu treten. Es wird ein Verwirrspiel werden, bei dem ihr euch selbst verlieren und vergessen dürft. Doch es wird auch der Tag kommen, da ihr gesättigt seid. Dann aber werdet ihr euch lieben oder hassen.

Verbandelt: Du bist und bleibst ein hoffnungsloser Schwärmer. Gottlob hast du in deinem Gefährten einen Gegenpart, der zwar nicht weniger verträumt ist, doch es dafür versteht, seine Träume in die Welt zu setzen. Darum rät dir das Orakel, nicht in deinen Traumschlössern zu wohnen, sondern die bescheideneren Träume deines Schatzes auszuschmücken. Trägst du nur ein wenig von dem Erträumten in den Tag, wirst du merken, in welche Ferne du dich selbst begeben hast und wie schwierig es doch ist, allein dem Möglichen Gestalt zu geben. Erkennst du noch dazu, dass die lauschige Zweisamkeit, die du dir erträumtest, nichts anderes sein wird als jene, die du jetzt gestaltest, rückst du deinem Liebling näher als zuvor. Ihr werdet darauf mit altgewohnter Leidenschaft euer Glück verfolgen und dabei entdecken, dass es zwischen euch noch gehörig funken kann. Und sobald es vor Spannung knistert, habt ihr allen Grund zu schwärmen.

Anbandeln: Drehst du dich weiter in dieselbe Richtung, wird es dir vor Schwindel übel werden. Wer jedoch den Reigen kennt, versteht es, zwischen Rechts- und Linksdrehungen zu wechseln. Du aber meinst, du seist ein guter Tänzer, weil du weißt, wohin du deine Füße setzen musst. Also wirst du deinen Schwarm zum Tanze bitten. Er aber wird schon bei den ersten Schritten hellauf lachen. Du magst dich darauf beschämt verkriechen und das Abenteuer ist zu Ende, noch ehe es begonnen hat. Überwindest du hingegen deine Scham und lässt dich führen, wirst du lernen, den Reigen meisterlich zu tanzen. Doch das ist nur das Handwerk; die wahre Meisterschaft erfährst du nur, wenn du es wagst, dich ebenso wie dein Schatz allein von deiner Leidenschaft führen zu lassen. Gelingt es dir, hast du es nicht mehr nötig, das Gelernte andernorts noch zu beweisen.

Verbandelt: Es müsste doch mit dem Teufel zugehen, wenn das nicht der Himmel der Liebe wäre, magst du dir denken. Aber da es mit dem Teufel zugeht, schließlich seid ihr euch beide einander gelegentlich ganz gerne Teufel, hegst du deine Zweifel und blickst voll Neid auf die frisch Verliebten. Doch bevor du sehnsüchtig seufzt und versuchst, dich an den Kitzel frischer Liebe zu erinnern, solltest du das Juwel betrachten, das du besitzt. Dann wird dir für einen Moment das Herz aufgehen und du wirst spüren, wie es vor Liebe bersten möchte. Doch dann lässt du den Riegel wieder fallen und verbirgst, was deiner Ansicht nach zu kostbar für den Alltag ist. Und so erweist du deiner Liebe ein ums andere Mal einen Bärendienst, weil du dir auch selbst ein Teufel bist. Denn du bist es, der sich so vernünftig gibt, dass er nicht mehr werben mag. Darum denke darüber nach, ob du überhaupt noch zu erobern bist.

Himmel

Anbandeln: Du kennst das Programm, wie man sich und seinem Schwarm den Kopf verdreht, und doch meinst du, dass es für dich nicht gültig ist. Wer dich lieben will, soll dich so lieben, wie du bist. Und ebenso lau und fad sind auch deine Liebschaften. Weigerst du dich weiter, dich ins rechte Licht zu rücken, wird sich an deinen Begegnungen nichts ändern, denn Gleich und Gleich gesellt sich gern. Willst du indes die sich bietende Gelegenheit nicht verpassen, solltest du dich besser an die üblichen Spielregeln halten. Du magst dich anfänglich ein wenig unwohl fühlen, doch mit dem Echo, das du erhältst, wirst du auch Spaß an deiner Rolle finden. Womöglich geht die Freude daran dann sogar so weit, dass du auch andere Gelegenheiten kosten möchtest. Du darfst sie mit Erfolg schmecken, solange du in deiner neuen Rolle auch so bleibst, wie du bist.

Verbandelt: Was ist schöner, als jemanden den siebten Himmel zu versprechen? Sofern du es bereits getan hast, und das Versprechen noch seine Gültigkeit hat, wird es das Orakel nicht anders halten. Hast du dein Versprechen indes vergessen, solltest du es nicht wiederholen, sondern selbst nach den Sternen greifen. Doch dazu müsste dir der Himmel nahe kommen, was allerdings nur dem geschieht, der ihm entgegenwächst. Betrachtest du daher unter dieser Prämisse deine Zweisamkeit, sollte dein Blick zuerst auf dich fallen. Jedenfalls liegt der Hebel, dich in die Lüfte zu schwingen, in deiner Hand, und es gilt, ihn in der rechten Weise anzusetzen. Also solltest du auch nach dem besten Drehpunkt Ausschau halten. Er mag in dir, bei deinem Schatz oder außerhalb eurer Zweisamkeit liegen. Lege dich bei deiner Auswahl nicht vorschnell fest, denn einmal angehoben, wirst du heftig um deinen Drehpunkt kreisen.

Anbandeln: Falls du darauf setzt, dass dein Leben eine Wende nimmt, sobald du deinen Schwarm zum Schatz hast, solltest du besser auf eine einsame Insel ziehen, denn dort bist du ganz problemlos mit dir und deiner Welt allein. Versprich dir also nicht mehr von diesem Abenteuer als eine hübsche Liebelei. Es wird nicht mehr werden und nicht weniger sein. Sticht dir darauf dein Schwarm immer noch ins Auge, darfst du ihn umschwärmen und dich dabei köstlich amüsieren. Flirte mit ihm, solange du Laune hast, und kehre ihm den Rücken, sobald sich die Leichtigkeit zwischen euch verliert. Du merkst es daran, wenn er zu klammern beginnt und die Liebe nicht mehr harmlos ist. Vermagst du dich darauf mit derselben Leichtigkeit, die ihr verloren habt, zu lösen, wird dein Leben zwar nicht die erhoffte, dafür aber eine überraschende Wende nehmen.

Verbandelt: So schön, so schön langweilig kann der Liebe Glück sein, magst du dir sagen. Doch fragt man dich, was du so reizlos an deiner Zweisamkeit findest, solltest du mit deinem Finger nicht auf deinen Partner zeigen. Er ist nicht der Grund für die empfundene Eintönigkeit. Was dich quält, ist die einlullende Harmonie, die ihr beide pflegt. Selbst im Streit wollt ihr euch nicht mehr erregen. Dabei müsstet ihr euch keine Prise Leidenschaft verordnen, da eure Temperamente einander genügend Reize böten. Vielleicht habt ihr zu früh damit begonnen zu schweigen, als ihr noch reden solltet. Vielleicht würde erneutes Reden den falschen Einklang aufheben. Vielleicht aber solltest du nachgeben und deinen Marktwert testen, damit du wieder selbstbewusst deinem Schatz ein Partner bist. Doch vielleicht sehnst du dir am Ende nur ein Gewitter herbei, um dich wieder mit Genuss im Sonnenschein zu räkeln.

Himmel

Anbandeln: Das eine Lied ist verklungen und das andere noch nicht angestimmt. Lausche in die Stille zwischen den beiden Liedern hinein. Lasse in dir ausklingen, was soeben verhallte. Erst wenn es auch in dir still geworden ist, wird das nächste Lied ganz leise erklingen. Sein Klang wird dich angenehm überraschen und zugleich erschrecken, denn es wird eine noch nie gehörte Weise sein, die gänzlich anders tönt, als du es bislang gewohnt warst. Dieses Lied wird dich mit seiner Melodie verzaubern und deinen Ohren schmeicheln. Es wird dich wiegen und trösten und dir nicht mehr aus dem Sinn gehen. Seine Weise wird dich Tag und Nacht begleiten und dich schweben und träumen lassen. Doch es wird solange nicht dein Lied sein, solange du nicht mit einer eigenen Weise darin einstimmst, denn diese Liebe will, um wahr zu werden, im Duett besungen sein.

Verbandelt: Sorge dich nicht, die Sterne bleiben dir und deinem Schatz hold. Allerdings hätten sie es gerne, wenn ihr euch nach ihnen streckt, um sie zu pflücken, so dass sie euch ganz nah beglänzen können. Dazu sollt ihr euch jedoch nicht in den siebten Himmel träumen, sondern vielmehr damit beginnen, ihn euch auf Erden zu bereiten. Wendet ihr euch noch aufgeschlossener den sinnlichen Freuden des Lebens zu, wird euch dies mit anhaltender Jugend entlohnt werden. Es sind geistige Frische und Beweglichkeit, die ihr euch damit bewahrt, und die euch den Schwung verleihen, euch stets aufs Neue zu überraschen. Mögen darunter auch Überraschungen sein, auf die der jeweils andere liebend gerne verzichtet, so werdet ihr doch immer wieder gemeinsam eine Lösung finden, mit der ihr eure Sterne aufpoliert. Und so dürft ihr, solange ihr das Ernten nicht vergesst, eure Liebe weiter auf gutem Boden aussäen.

Himmel

Anbandeln: Bei all den Gedanken, die du deinem Schwarm entgegen wälzt, wäre es klüger, du machst dir einen Schlachtplan und spulst ihn Punkt für Punkt ab. Damit wirst du zwar dein Herzblatt nicht erobern, doch musst du dir auch keine Vorwürfe machen, etwas falsch gemacht zu haben. Taugt dir dieser Rat nicht, so schreibe dich in eine Flirtschule ein. Mit ihrer Hilfe wirst du zwar dein Herzblatt auch nicht erobern, dafür aber die Bekanntschaft mit deinesgleichen machen. Falls dir auch dieser Rat nicht passt, dann tue um der Liebe willen nicht das, was du willst, sonst fändest du dich am Anfang wieder. Doch vielleicht versuchst du es einmal mit dem, was du nicht willst, weil du dich nicht traust. Dazu musst du dich auch gar nicht anstrengen, denn es soll ja nur ein Versuch sein, der blödsinniger Weise sogar klappen kann.

Verbandelt: Versprochen ist versprochen. Treue, Fülle, Leidenschaft, aller Liebe Lust und Freuden sei euch versprochen, und irdische Seligkeit dazu. Nur, was werdet ihr mit diesem Versprechen machen? Und kommt es euch auch gerade gelegen oder tönt es gar zu spät? Das Orakel schert sich nicht darum. Es liegt an euch, was ihr damit macht. Ihr könnt es miteinander teilen, oder ein jeder mag mit seinem Teil von dannen ziehen. In jedem Falle bleibt es ein Versprechen, ein schönes Wort, ein luftiges Geschenk, schön umhüllt und mit Glitzer und Schleifen versehen, das nur ihr allein mit Inhalt füllen könnt. Fällt euch dazu nichts ein, wird es ein leeres Versprechen bleiben. Also solltet ihr, sofern ihr Gefallen an ihm habt, euch rasch zusammensetzen und besprechen, welche Wünsche ihr noch habt. Doch zankt euch nicht, denn wollt ihr es gemeinsam füllen, muss ein jeder von euch das Gleiche hineingeben.

Himmel

Anbandeln: Bist du bereit, vom Gipfel zu springen, dich in die Tiefe fallen zu lassen, auf dass dich die Winde ergreifen, um dich in die Lüfte zu heben und dich über alle Gipfel zu tragen? Bist du bereit, den Schmerz der Liebe zu leiden, den Schmerz höchster Liebesfreude, wenn die Liebe so gewaltig ist, dass dein Herz birst und es dir vor Glück die Brust zerreißt? Bist du bereit, im Taumel der Leidenschaften zu versinken, dich und deinen Alltag zu vergessen und nur der Liebe zu dienen, die die Götter für dich bestimmt haben? Bist du bereit, dann sage ja, und ein Gott wird den Olymp verlassen, um sich zu dir zu legen. Und wenn Götter die Liebe der Menschen suchen, so wollen sie die irdischen Freuden genießen. Sie wollen Lust und Wonne, Sinnlichkeit und Entzücken und den Geschmack der Vergänglichkeit kosten. – Sei darum göttlich und liebe!

Verbandelt: Willst du leiden, wirst du leiden. Doch es wird dir schwer fallen, eine Bühne für deinen Jammer zu finden. Denn dies ist nicht die Zeit der Klage, sondern die der Freude. Es ist eine warme Zeit voll Herzlichkeit und Lebenslust. Die Liebe ist gereift und herrlich satt. Kostet ihre Süße, atmet ihren Duft und spürt ihre Zartheit. Lasst euch betören und betört euch selbst. Herzen und Seelen sind weit. Blickt ihr euch in die Augen, dürft ihr der Liebe ins Antlitz blicken. Diese Innigkeit will Grund, auch wenn sich die Seelen im siebten Himmel vereinen. Darum achtet auf den Raum, den ihr für eure Zweisamkeit öffnet. Baut eine prachtvolle Halle, in der ihr euch vergöttern könnt. Je großzügiger ihr seid, um so mehr wird sich die Liebe entfalten. Tragt darum den Glanz der Liebe als euren Schmuck auch in den Alltag. Schenkt eurer Phantasie Flügel und entdeckt immer neue Rituale der Verführung und Liebkosung.

Himmel

Anbandeln: Nur eins scheint sicher, nämlich dass du deinem Schwarm den Kopf verdrehen kannst. Du musst ihn nur in etwas ungewöhnlicher Weise an ungewöhnlichen Orten mit dir konfrontieren und du wirst ihm ein lohnenswertes Opfer. Da du jedoch alles andere als ein Opfer bist, erhält die Geschichte bereits neben einem interessanten Auftakt auch einen spannenden Verlauf. Hierbei werdet ihr euch beide gegenseitig mit immer neuen Varianten des ewig jungen Spiels verblüffen. Schließlich wird diese Liebelei ein fortwährendes Schäkern und Balzen sein. Ob freilich euer Spiel auch zur Liebe reifen wird, das zeigt sich erst, wenn ihr auseinander geht. Denn ihr werdet vor lauter Eifer, euch gegenseitig in eurem Geturtel zu übertreffen, gar nicht merken, wie ihr dichte Bande webt. Erst wenn ihr sie unversehens spannt, wird sich zeigen, ob sie euch auch halten.

Verbandelt: Ihr habt allen Grund, euch in eurem Glück zu sonnen. Ihr habt das Schiff eurer Liebe in einen sicheren Hafen gelenkt. Es war nicht leicht, ihn zu finden, eine aufregende Reise mit tosenden Stürmen, eisigen wie goldenen Tagen liegt hinter euch. Das Auf und Ab der wogenden See ist vergessen. Ihr habt den Anker geworfen und genießt die Beschaulichkeit unter südlicher Sonne. Eure Liebe hat ihren Grund gefunden. Doch solltet ihr nicht zu lange im Hafen dümpeln, sondern ab und an frische Seeluft schnuppern. Denn nur auf das stille Wasser im Hafen zu blicken, ist eure Sache nicht, dazu habt ihr einfach zuviel Temperament. Ihr braucht die Reibung ebenso wie die Herausforderung, eure Verschiedenheiten gemeinsam an einer Sache zu messen und zu verflechten. Deshalb bleibt Vagabunden und sucht weiter die Abwechslung, auch wenn ihr euch nicht mehr in Stürmen bewähren müsst. – Die Familie wird größer.

Himmel

❦❦❦❦❦❦❦

Anbandeln: Vor dieser Liebe wirst du dich nicht verstecken können. Selbst wenn du in die Wüste gehst, wird sie dir folgen und dich dort noch in mondloser Nacht finden. Also verharre nicht weiter in stiller Vergötterung aus Furcht vor einer Abweisung, die dir schrecklicher wäre als dieses unerhörte Schmachten. Scheue dich nicht, trete ins Licht und vor deinen Schatz und lasse der Liebe ihren Lauf. Sie allein wird es richten, und es wird so einfach sein, dass du über die verstrichene Zeit weinen möchtest. Tue es nicht, und weine auch nicht vor Glück, weil es besungen werden will. Lasse dich von deiner Liebe leiten. Du musst dazu nicht sprechen, solange sie allein aus deinem Herzen spricht. Und sobald ihr beide nach langen Küssen Atem holt und einander die Geschichte eures Kennenlernens erzählt, dürft ihr darüber lachen, wie ihr euch gegenseitig das Gleiche erzählt.

Verbandelt: Eine besondere Liebe will besondere Menschen. Sie brennt in jedem der beiden Herzen mit der gleichen Leidenschaft. Es ist eine lodernde Flamme, die zugleich verzehrt und erhöht. Sie bewirkt Spannung und Eintracht, schafft Weite und Nähe und fordert Gefühl und Leidenschaft. Brennt sie in den Herzen, so wohnt sie auch in beider Seelen. Hier wird sie zum Bogen, der das Glück umkränzt. Zwei Seelen will sie so verbinden und erhöhen, um ihnen fortwährende Anmut und Jugend zu verleihen. Ebenso durchwirkt diese Liebe auch die Träume, erhellt sie mit ihrem Schein und lässt sie in den Tag entfliehen, wo sie sich verdichten und den Alltag schmücken. Und so wie diese Liebe zusammenführt, veredelt sie die Liebenden in ihrer Einzigartigkeit, damit sie ein Paar sind und sich nicht gleichen. – Fühlt ihr euch von diesem Spruch angesprochen, seid ihr für diese Liebe auserwählt.

Das gelenkte Orakel

Eine Besonderheit dieses Liebesorakels ist, dass Sie ähnlich wie bei einem Kartenorakel Ihr Schicksal bei der Losung in gewisser Weise selbst in die Hand nehmen. So können Sie, wie einleitend beschrieben, die Folge der gezogenen Herzen, die auf den gültigen Spruch weisen, intuitiv mit geschlossenen Augen arrangieren. Diese Manipulation erlaubt es Ihnen, dass Sie Ihre Energie in die Losung mit einfließen lassen und so entsprechend Ihrer Situation zum passenden Orakelspruch gelangen. Sie können das Orakel aber auch mit offenen Augen bewusst auslegen. Hierbei wirken Ihre Einsicht sowie Ihre Hoffnungen und Ahnungen noch unmittelbarer und dennoch in feinsinniger Weise auf die Losung des Spruches ein. Sie können auch für eine andere Person das passende Orakel finden, indem Sie stellvertretend für sie die Herzen werfen und sich intuitiv zu dem für sie bestimmten Spruch lenken lassen.

Beim gelenkten Liebesorakel sind es also vornehmlich Ihre augenblicklichen, nach dem Wurf aufscheinenden Empfindungen, die Sie zum passenden Spruch führen. Deshalb sollten Sie sich auch einen entsprechenden Rahmen wählen, um das Orakel zu befragen. Ziehen Sie sich also an ein lauschiges Plätzchen zurück. Sorgen Sie mit Musik, Räucherwerk und Kerzenschein für die passende Stimmung. Legen Sie ein rotes Tuch aus, auf das Sie die sieben Herzen werfen und besinnen Sie sich auf Ihre Frage. Nach dem Wurf betrachten Sie die Herzen und horchen in sich hinein, welches der aufliegenden Herzen Sie besonders anspricht, danach treffen Sie offenen Auges Herz um Herz Ihre Wahl. Haben Sie schließlich alle sieben Herzen zu eine Reihe ausgelegt, suchen Sie sich anhand des nachfolgenden Indexes den entsprechenden Orakelspruch heraus.

Alternative Losung

Falls Sie die bewusste Auswahl der geworfenen Herzen vermeiden möchten, da Sie eine solche Wahl des Orakels womöglich beunruhigt, lässt sich das gelenkte Orakel auch allein nach dem Zufallsprinzip durchführen. Hierzu losen Sie nacheinander mit je einem der sieben Herzen und lassen sich hierdurch, je nachdem welche

Farbe oben aufliegt, Schritt für Schritt an den Spruch des Orakels heranführen. Legen Sie für diese Losung die sieben Herzen in einer Reihe zu Ihrer Linken auf. Von dort nehmen Sie ein Herz nach dem anderen auf, schütteln es zwischen Ihren hohlen Händen und lassen es vor sich auf den Tisch oder auf ein rotes Tuch fallen. Die Herzen, mit denen Sie gelost haben, legen Sie zur Seite, indem Sie sie der Reihe nach zu Ihrer Rechten aufreihen.

Index für das große Liebesorakel

Diese Übersicht hilft Ihnen, die Seite mit dem von Ihnen gelosten Orakelspruch schneller zu finden. Nachstehend sind alle 128 Wurfmöglichkeiten des großen Liebesorakels nach Abschnitten aufgelistet. Sie erleichtern sich die Suche nach dem richtigen Orakelspruch, wenn Sie zunächst die Abbildung der ersten vier Herzen suchen, da sich diese Symbolreihe nur abschnittsweise ändert. Die Lage der weiteren drei Herzen wiederholt sich zudem von Abschnitt zu Abschnitt stets in der gleichen Folge. Die beiden Herzsymbole stehen für die beiden Möglichkeiten Ihres Wurfes:

♥ = blaue Herzseite zeigt nach oben

♡ = rote Herzseite zeigt nach oben

Gold

	Seite
♥ ♥ ♥ ♥ ♥ ♥ ♥	55
♥ ♥ ♥ ♥ ♥ ♥ ♡	56
♥ ♥ ♥ ♥ ♥ ♡ ♥	57
♥ ♥ ♥ ♥ ♥ ♡ ♡	58
♥ ♥ ♥ ♥ ♡ ♥ ♥	59
♥ ♥ ♥ ♥ ♡ ♥ ♡	60
♥ ♥ ♥ ♥ ♡ ♡ ♥	61
♥ ♥ ♥ ♥ ♡ ♡ ♡	62

Sonne

	Seite
♥ ♥ ♥ ♡ ♥ ♥ ♥	63
♥ ♥ ♥ ♡ ♥ ♥ ♡	64
♥ ♥ ♥ ♡ ♥ ♡ ♥	65
♥ ♥ ♥ ♡ ♥ ♡ ♡	66

Grün

Gras

Rot

Mond

Wind

Purpur

Blau

Himmel

Matthias Mala

Das Gänseblümchen-Orakel

184 Seiten mit Abbildungen, Festeinband,
beiligend 16 Gänseblümchen aus Pappe
ISBN 3-7205-2199-0

»Er liebt mich, er liebt mich nicht, …« Wohl ein jeder hat
in dieser Weise schon einmal ein Gänseblümchen nach der Gegenliebe
seines Liebsten gefragt. Heute ist es haupsächlich als »Spiel« bekannt,
doch es ist abgeleitet von einem früher praktizierten
keltischen Orakel, beruhend auf einer uralten Tradition.
Das Gänseblümchen-Orakel gibt nicht nur Antworten bei
schwierigen Liebesangelegenheiten, man kann das Orakel alles fragen,
was man schon immer wissen wollte.
In einem Fundus von über 700 Orakelsprüchen können Sie
in diesem Buch Antworten auf Ihre Fragen finden:
sowohl Ihre augenblickliche Situation betreffend als auch Ihre Aussicht
in naher und ferner Zukunft. Und damit Sie das Gänseblümchen-Orakel
in jeder Jahreszeit befragen können, sind dem Buch 16 weiße
Gänseblümchen beigelegt.

KAILASH